Pour toi
Evelyne
de tout mon
cœur !

Francis Huster

Geneviève
Fontanel

**N'ABANDONNEZ
JAMAIS
NE RENONCEZ
À RIEN**

DU MÊME AUTEUR AU CHERCHE-MIDI

Lettres aux femmes et à l'amour, 2010
Et Dior créa la femme, 2012

FRANCIS HUSTER

N'ABANDONNEZ JAMAIS NE RENONCEZ À RIEN

cherche midi

Vous pouvez consulter notre catalogue général et l'annonce
de nos prochaines parutions sur notre site :
www.cherche-midi.com

Direction éditoriale : Ariane Molkhou

Couverture : Mickaël Cunha

© le cherche midi, 2017
30, place d'Italie
75013 Paris

Mise en page par Soft Office – Eybens (38)
Dépôt légal : septembre 2017
ISBN 978-2-7491-1624-2

*À Pierre Dux,
parce que la Comédie-Française
j'ai commencé par là.*

SOMMAIRE

1. Oser la vérité 15
2. Vivre à l'excès 33
3. Aimer plus fort 55
4. Chérir ses échecs 79
5. Combattre les règles 103
6. En découdre avec les tyrannies 127
7. Crever de rire 143
8. Cultiver ses ennemis 159
9. Défaire, refaire 173
10. Se libérer de soi 193

Je veux dire ma colère devant la brutalité de ce monde, ma hantise devant les tyrannies qui renaissent et ma tristesse devant les beautés détruites.

Mais je veux dire aussi ce qui persiste d'espoir : cette énergie en nous que je voudrais contribuer à libérer.

Comment en sommes-nous arrivés là ? À quoi avons-nous renoncé ? Pourquoi ? Comment retrouver notre enthousiasme à créer, rire, vivre ?

À ces questions j'aurais voulu pouvoir répondre tout en mesure et pondération, distinguer entre le souhaitable et le raisonnable. Je préfère ne pas taire ce qui fulmine en moi. Car peut-être avons-nous seulement le monde que nous méritons. Peut-être est-ce moins au monde tel qu'il va que je m'en prends qu'à nous-mêmes, cette manière que nous avons de nous accoutumer au pire et de nous assoupir devant ce qui devrait nous révolter. De faire comme si nous n'avions jamais eu de rêves. D'accepter que notre vie ait fini par nous échapper.

Guerre et paix, trahison et fidélité, organisation sociale et règles du clan, sexe : les animaux font tout comme nous. Sauf l'art. Pas de fourmi Van Gogh, de langouste Piaf, de chat Shakespeare, de tigre Picasso, pas de moustique Mozart ni d'éléphant Hugo. Pourquoi ? Parce que lorsqu'ils disparaissent, c'est à jamais. Eux n'ont pas le souci de laisser une trace : ils éprouvent la fin de la vie mais leur mort n'a pas d'avenir. Nous autres avons une autre nature. Dont nous pensions qu'elle finirait par nous obéir. Dont nous attendions un monde meilleur. Nous l'avons domptée, dressée, sublimée, elle nous a fait chanter l'amour et la fraternité, pourtant jamais nous n'avons réussi à éradiquer ce qu'elle contenait de pire : le mensonge. Si les animaux ne mentent pas, c'est parce qu'ils n'ont pas la parole ; leur langage est un cri, le ricochet de leurs sensations. Seule ment la nature humaine, qui n'a pas mis longtemps à comprendre que mentir permettait de tout obtenir. Jusqu'au pardon de ses fautes. Quitte à renoncer à tout ce qui nous poussait vers l'avant, à tout ce qui nous élevait, à notre dignité.

Ce livre de colère chaude, ce livre pour interroger nos vies à l'aune d'un monde qui se défait, c'est Molière qui me le dicte. Et je le fais avec mes armes, c'est-à-dire avec les siennes.

Molière, gloire nationale et si mal aimé pourtant, puisque nous ne voyons jamais en lui que le bouffon, le valet ou le cocu, quand il passa sa vie en rébellion contre les pouvoirs, les tyrans et les dévots, quand il ne cessa jamais de lutter contre ce qui opprimait l'homme. Cultivant les excès, tirant profit de ses échecs, chérissant la vérité, ne suivant que ses instincts, riant de nos ridicules, n'obtempérant jamais aux diktats du temps.

Le temps n'est plus à la nuance. Il est au combat et à la lucidité. À la renaissance de tout ce que nous étouffons. Redevenons ce que nous n'aurions jamais dû cesser d'être : des guerriers de la vie, de la vérité et de la liberté. Des amoureux de l'amour.

1
OSER LA VÉRITÉ

Il est rare que la vérité guide nos pas : il est tellement plus commode et confortable de lui préférer la dissimulation et les petits arrangements. Qui d'entre nous est capable de s'avouer ses faiblesses, ses lâchetés, ses démissions quotidiennes ? D'admettre que si la vie n'est pas celle dont on avait rêvé, ce n'est pas toujours à cause des autres, du système ? Qui pour se remettre inlassablement en question ? Défier les pouvoirs ? Préférer la conscience au renoncement ? L'amour fou aux petits agréments de l'habitude ? La vérité au confort ? Nous ne sommes que des femmes et des hommes, certes. C'est beaucoup, pas loin même d'être miraculeux. Mais si peu, en même temps. Et si décevant parfois.

Oser la vérité, c'est reconnaître que nous ne nous méritons pas toujours. Que nous avons perdu l'esprit d'aventure. Que nous baissons trop souvent les bras. Que nous sommes trop souvent avachis, lâches, moutonniers. Comme si toute la puissance, toute la vitalité, toute l'espérance qui nous habitaient nous faisaient peur au point que nous préférions tout étouffer en nous et vivre en deçà de ce que nous pourrions être. Où sont passés nos rêves d'enfants ? Qu'avons-nous fait de notre volonté de changer le monde ? De le rendre plus juste, moins lâche ? Moins dégueulasse ? Quand, pourquoi avons-nous abdiqué ? Où sont passées cette France aimée, cette Europe rêvée qui savaient promouvoir la paix, protéger leurs peuples et leurs cultures ? À la société de l'indécence, de la consommation et de l'exclusion, n'avons-nous pas ajouté celle de la capitulation ?

J'ai l'impression tenace que nous sommes dévitalisés.

Comme des oiseaux aux ailes coupées, étrangement rabattues.

Comme des biches terrorisées dans les phares des voitures.

Comme des primates qui n'auraient pas encore appris à se redresser.

Molière, lui, avait fait de l'exigence de vérité une obligation ardente. Et s'il avait bien des occasions de lancer cette injonction à la face de ses rivaux, hommes de cour, d'Église ou de secte, c'est lui-même surtout qu'il visait. Car c'est toujours de lui qu'il exigeait le plus, et son exigence était infinie. Intraitable avec les hypocrites et les cons, mais plus encore avec sa propre fatigue, son usure, ses mélancolies, ses outrances ou ses échecs. Rien ne pouvait contrecarrer son désir illimité de liberté parce qu'il savait qu'elle est le bien le plus fragile et le plus précieux en ce monde, celui qu'on est toujours prêts à sacrifier en premier. Or on ne fait jamais rien de grand sans chérir l'esprit de liberté : voilà ce que Molière nous enseigne.

Clamer qu'on n'en peut plus de vivre comme des moutons et qu'on en a marre d'être tondus comme des agneaux.
Déplaire aux petits procureurs du temps parce qu'on ne se plie pas à leur pensée unique, à leur propagande publicitaire et à leurs diktats médiatiques.

19

Choquer les siens, son milieu, sa classe. Ne vivre que pour s'en émanciper.

Ne rien faire qui ne nous ressemble pas, ne se sentir obligés à rien.

Ne jamais taire ce qui nous émeut, et tant pis pour ceux à qui ça déplaît.

Changer de vie avant que nous ne soyons plus bons qu'à être des consommateurs abrutis, des animaux domestiques, des youtubers.

Quitter un homme ou une femme parce que l'amour ne nous dévore plus.

Être impossible à vivre, peut-être, mais vivre.

La clé de tout cela ? Le courage. Ce courage dont nous manquons si souvent.

Oser la vérité, en somme, c'est se donner l'autorisation et les moyens d'être pleinement soi. Refuser de gober les vérités indiscutables et les grosses ficelles des marchands de tranquillité. Mieux qu'une morale : un idéal.

Molière, non seulement possède cet idéal, mais le bichonne et le cultive avec rage. C'est pourquoi il est un de nos plus grands Français. Je ne crois pas d'ailleurs qu'il aurait supporté ce qu'est devenu son pays. Car la France n'est plus la France. Je veux dire : cette France libre, rayonnante, insolente et rieuse qui, des siècles durant, fit l'admiration du monde entier au point d'en figurer le centre. Elle n'est plus qu'un pays périphérique qui lepénise à tour de bras, arc-bouté sur ses petites frontières violées, ses petites querelles répétées, ses petits partis dépuzzlés, sa petite morale étriquée, la banlieue rabougrie d'un monde qui ne croit plus en elle : une France défiance. Patrie de la liberté et des droits de l'homme ? Est-ce encore si sûr ? Juste un bout de terre, une terre qui fut si belle, dorénavant gangrenée par les ghettos, les communautés grégaires, jalouses de leurs prérogatives, de leurs certitudes et de leurs croyances. À chacun sa langue, à chacun sa foi, à chacun sa culture. Nos racines et les leurs. Tout intrus est prévenu : on l'exclura, on le chassera, on le bannira. Et que ceux qui ne nous ressemblent pas, qui ne pensent pas comme nous, qui ne vivent pas comme nous, fassent ce qu'ils veulent, mais qu'ils le fassent entre eux, et chez eux. Les égoïsmes se sont jetés sur la société multiculturelle pour la détourner de son grand dessein humaniste et ouvrir le chemin au cauchemar de l'entre-soi.

Ils l'ont transformée en une autoroute où se percutent et s'emboutissent tous les séparatismes du temps. Cet égoïsme, c'est le slogan du temps. Pire, son inconscient : ne nous mélangeons pas ! Même si c'est pour crever, crevons à part.

Et on viendra s'étonner ensuite que la France meure.

On la voulait enlacée, elle n'est qu'écartelée.

Je veux croire pourtant qu'elle n'est pas en train d'agoniser, que nous viendrons à bout de ces fièvres mesquines qui la font chanceler.

La France que nous aimons aura, comme Molière, le dernier mot.

Être républicain, c'est tolérer chez l'autre ce qu'il ne tolère pas chez vous : sa différence.

Il faut tenir bon là-dessus et ne plus céder une once de territoire. Ne plus s'émouvoir : se mouvoir. La politique de grand-papa a vécu, comme ont vécu ces bulletins déposés dans une urne sous influence. Le monde part à vau-l'eau et nous contemplons le spectacle en nous gavant de télé-médiocrité. On nous aurait anesthésiés que ça ne se passerait pas autrement. Mettons donc de côté l'espérance, cette laisse du désespoir, ce nonosse pour chien-chien déprimé, et abandonnons-la à ceux qui croient encore en je ne sais quel démiurge pour exaucer leurs prières. Coucouche panier, l'espérance ! Espérer, ce n'est jamais que prier pour mieux subir. Et encore, en se dorant les ongles les poings dans les poches. Ce monde est devenu tellement austère, tellement lâche et injuste qu'il en devient pornographique, tellement cruel qu'il en devient suicidaire. Nous ne le changerons pas en nous tournant vers des cieux qui resteront toujours et obstinément muets, en nous en remettant à ces clones de Trissotin que sont les experts autodésignés ou en espérant que nos enfants prennent la relève. Mais, en nous emparant des armes de notre génie et en ripostant avec ce qui fait notre humanité : le rire, la tendresse et la dignité.

Oser la vérité, c'est en finir avec cette correction politique qui nous ordonne de garder par-devers nous ce que la société, croit-on, ne supporterait pas. C'est ne pas se satisfaire des euphémismes du temps, de ce puritanisme qui ne distingue plus de vieillards mais des seniors, plus d'infirmes mais des personnes à mobilité réduite, plus de paysans mais des exploitants agricoles, plus de cancers mais des longues maladies, plus de Noirs, d'Arabes ou d'Asiatiques mais des minorités visibles, plus de balayeurs mais des techniciens de surface, plus de patrons mais des coachs, plus de bavures mais des dommages collatéraux, plus de fascistes mais des frontistes. Au point qu'en France on ne meurt plus : on part.

Nous ne savons plus dire le réel, nous glissons dessus : la vérité nous fait tellement peur que notre langue est devenue lisse. Nous avons fait de notre langue un outil de marketing, nous l'avons rendue bien présentable, bien comme il faut. Un joli produit d'abrutissement. Nous parlons une langue estropiée, tronquée. Morte.

Molière, qui aurait pu être le Cambronne du SMS, se serait écrié : Merde !

C'est une des leçons que nous devrions retenir de Molière, lui pour qui vérité dans la vie ne cesse jamais de l'être sur scène. Car s'il séduit, jamais il ne cherche à séduire : il lui suffit d'être. Sans artifices, ni grimaces, ni courbettes. Il dit ses quatre vérités aux puissants comme au peuple avec une égale naïveté. Naïf, oui, sans doute, de penser qu'on ne lui en voudrait pas de railler ainsi le sabre et le goupillon, les curés, les moralistes, les puissants, les courtisans, les cocus, les avares, les précieux, les paysans, le peuple même, dont il sait qu'il ne faut jamais le pousser bien fort pour qu'il sombre dans les pires travers. Molière est ainsi, qui ne fait pas de différence entre le maître et son esclave, le riche et le pauvre, le bourgeois et le paysan, en qui il ne voit jamais que des humains, à défaut d'y voir des frères. C'est pourquoi il continue de nous toucher aujourd'hui, nous autres qui sommes devenus si vulnérables aux étiquettes, aux hiérarchies, à l'ordre. Qui proclamons partout, le cœur sec : dis-moi d'où tu parles, de quel peuple, de quelle croyance, de quelle opinion, et je te dirai si tu peux être des miens. Nous qui acceptons de n'être plus que des pions sur l'échiquier d'une vie formatée. Nous qui ne serons plus jamais ni tour, ni cavalier, ni fou. Molière, si. Comme le cheval saute sur ce que bon lui semble. Et toutes les pièces du jeu cruel de la vie, il les bouffe. Jusqu'au roi.

Molière n'a cherché qu'à séduire et divertir : je ne connais pas d'idée aussi reçue. Car jamais il n'a ciré les bottes de quiconque. Il avait une bien trop haute idée de son art et de sa mission pour cela. Nous rebattre les oreilles de ses farces, de son burlesque, de ses artifices, de ses gags, de ses tartufferies et autres scapinades, faire comme s'il n'était que cela, c'est n'avoir rien compris ni à son génie, ni à sa portée. Il veut nous donner, à nous, au peuple, le courage de la vérité. Pour que nous la criions tout entière, nue et crue à la face des puissants, mais aussi pour nous la jeter à la gueule quand nous-mêmes sommes trop veules ou résignés.

Rire, faire rire, n'a jamais été une fin en soi pour Molière, mais une arme. Et la plus efficace. La plus insupportable aux hypocrites, aux planqués, aux lèche-bottes à sang froid, à tous ces combinards qui grimpent au rideau du beau monde et qui, échelon après échelon, sucent le sang de notre République et dévitalisent tout ce qui nous fait tenir ensemble. Molière ne s'en est jamais privé, sachant mieux que personne user du rire pour se moquer des vices et des vicieux de son siècle. Le misanthrope Alceste est peut-être l'homme aux rubans verts, couleur des bouffons, mais Philinte, l'ordure Philinte, l'homme aux rubans rouges, attise la couleur de la honte qui monte aux joues du traître. Celle de cette colère qui monte aux nôtres.

Molière rend les comédiens supérieurs comme il nous fait grands. Comment ? En nous donnant le courage d'être ce que nous n'osons pas être. En nous mettant à nu et en nous libérant. En dévoilant ce qu'il y a de plus viscéral en nous et en exigeant des comédiens ce qu'il s'impose à lui-même : être homme à la scène comme à la vie. Soit, précisément, ce qu'il nous demande, à nous aussi : être francs, pleins, entiers, dans l'intimité comme en société, avec tous ceux qui, sur cette terre, ne sont au fond rien d'autre que nos cousins.

On a pu s'étonner qu'il y ait chez Molière autant de cocus. Mais s'il sait les railler avec autant de férocité, s'il sait si bien nous faire rire de leur malheur, c'est qu'il en est un lui-même. Il ne joue pas : il crie sa vérité, qui est douloureuse. Pourquoi cette souffrance d'être cocu ? Ce n'est pas qu'il se sente atteint dans son honneur, sinon il n'en ferait pas des comédies mais des drames. Ce qu'il ne supporte pas, ce qui lui fait un mal de chien au point que c'en devient pour nous risible ou cocasse, c'est le désenchantement. Il avait cru trouver en l'autre, le cocu, son double, la possibilité pour lui de montrer son vrai visage. De s'autoriser à être lui-même. De ne rien truquer, de ne rien tronquer. Défauts et qualités à vue. Aussi n'est-ce pas son honneur qui est blessé, il n'y a chez Molière aucun narcissisme, mais la vérité de son être. Notre vérité. Celle qui fait de nous de pauvres humains, sensibles, influençables, pathétiques parfois mais risibles toujours, et souffrants, et émouvants. Toujours perdus.

Oui, oser la vérité c'est oser être soi. Mais qu'est-ce que c'est difficile ! Comment être soi dans ce monde qui stigmatise la moindre différence ? La moindre fantaisie ? Le moindre écart ? Qui ne nous donne à aimer que du réchauffé, du factice et du frelaté ? Comment tenir tête à ce qu'on nous vend comme de la normalité ? Et puis c'est quoi, la normalité ? Renvoyer ceux qui fuient les dictatures alors qu'on les y massacre ? Qu'ils n'y ont plus de chez-eux ? Les condamner, chez nous aussi, à la plus effroyable misère ? Au dénuement le plus indécent ? Donner sa voix à ceux qui veulent faire de la France un sanctuaire ? Une prison ? Ne plus pouvoir rire de Dieu sans y perdre la vie ? Passer plusieurs mois derrière les barreaux pour un vol à la tire ? Se faire casser la gueule pour un regard de travers ? Se faire poignarder pour avoir refusé de filer une sèche ? Sentir qu'on porte une sale gueule qui dérange ? Accepter de voir se creuser le gouffre entre la misère la plus humiliante et les fortunes les plus indécentes ? Baisser les yeux devant ces milliers d'hommes et de femmes qui crèvent enchiffonnés sur les trottoirs à quelques mètres de nous ? Remettre en cause le droit d'avorter ? Être vidéo-surveillé pour se croire illusoirement vidéo-protégé ? Avoir l'inconscience ou le culot de dépenser du fric pour Paris Plages au lieu d'emmener les enfants au bord d'une vraie mer ? Les laisser glander devant les reflets de la Seine puante ?

Il faut dire ce que l'on est et n'en avoir jamais honte.

Molière ne masque pas son âme, il la dénude en public. Il ne finasse pas, il ne minaude pas, il ne trompe personne. Qu'ils continuent donc à rigoler sur l'autre rive, les Italiens, et à guignoler, et à travestir la vie et à se vautrer dans leurs farces où ils brillent de tant d'éclats ! Lui, Molière, se destine au théâtre. Le théâtre : la vie ! Las des bergères en fleurs, las des mondains de pacotille et des amants éplorés, ses héros à lui sont bien vivants. Comme tous ceux que la vérité n'effraie pas, Molière est un précurseur. Il écarte grand le rideau rouge et nous montre la vie dans tout ce qu'elle a de mesquin et de merveilleux, d'obscène et de sensible. Et par là met bien des confrères en porte à faux, à commencer par les deux plus grands, Racine et Corneille, impuissants à en faire autant. Et surtout à le comprendre. Car Molière ne met pas tant la vie en scène que sur scène. Où il la malaxe, la pétrit, la brasse comme dans une machine qui ne serait plus à laver mais à penser. Puis il la pend, l'essore dans un grand rire et laisse l'eau s'en écouler, toute la sueur de ces comédiens dont il exige tout. À commencer par leur sincérité, leur vérité intérieure. Et tant pis si elle n'est pas reluisante, et tant pis si elle n'est pas comme il faut. Elle n'est jamais nette, cette eau, et jamais elle ne pourra l'être. Ce linge-là n'est pas repassé par la censure, ni correctement plié, ni soigneusement rangé. Il pue : il a l'odeur du vécu. L'odeur de la vie nouée, emmêlée, froissée sous nos yeux et jetée là en paquets informes. La scène pour Molière n'est rien d'autre qu'une corbeille à linge, et il se fout bien de savoir si ça se fait ou pas : chez lui, le linge sale, on le lave en public.

Oser la vérité, enfin, c'est faire preuve d'intelligence et de clairvoyance. C'est avoir une conscience radicale de nos erreurs. Celles que l'individu borné refuse d'admettre quand l'intelligent, non seulement reconnaît les siennes, mais apprend d'elles. Tartufferie que Socrate ! Car la seule chose que l'on sait, ce n'est pas qu'on ne sait rien, mais qu'on apprend un peu. Un peu seulement, mais un peu quand même. Nous devons aspirer à devenir cet individu qui se sent supérieur parce que, non content de maudire ses propres erreurs, non content de les reconnaître en lui et de les combattre, il les admet chez autrui. La vérité est souvent plus cruelle, plus âpre pour nous-mêmes qu'elle ne l'est pour les autres, et Molière nous appelle à ce devoir d'intégrité. On a bien le droit de se tromper, mais on a le devoir de ne pas le faire exprès.

Chacun a quatre vies.
Celle qu'il vit.
Celle qu'il croit vivre.
Celle qu'il rêverait de vivre.
Puis, une fois mort, celle qu'on lui prête avoir vécue.
Mais si l'on veut réussir sa vie, alors des quatre il s'agit de ne faire qu'une. Et de ne l'éclairer qu'à la seule et unique lumière de la vérité, sans jamais craindre les excès de la vie.

2
VIVRE À L'EXCÈS

Vous mangez, vous buvez, vous fumez, vous baisez ?

Vous vivez ?

Mais vous êtes fous, vous allez attraper la mort !

Les diktats du temps invitent à la prudence bourgeoise : tous aux bunkers et vivons planqués. Pas de vagues, vivons peinards ! Mais à quoi bon vivre si l'on ne vit qu'à moitié ? Si vivre nous fait peur au point que nous n'osions plus vivre ? Ah, que Molière aurait été malheureux dans cette société qui ne songe qu'à assurer ses vieux jours et se rend malade par crainte d'altérer sa santé…

Nous allons tous mourir ? Grand bien nous fasse ! Préférons aux longs fleuves tranquilles

les grands torrents rocailleux. Vivre à l'excès n'induit pas un flirt de tous les instants avec la mort. Seulement qu'il faut savoir aimer la vie pour ce qu'elle est et tout prendre de ce qu'elle donne, le pire comme le meilleur. Il est aussi vain de vouloir se protéger d'elle que d'espérer échapper à la mort. La vie n'est pas une entreprise dont on planifierait le rythme de croissance, pas plus qu'un plan de gestion avec bonus et dividendes à la clé. Quant à la plus performante des assurances-vie, jamais elle ne nous donnera la moindre assurance sur la vie.

On a fait courir cette fable insensée d'un Molière souffrant, dix ans avant sa mort, d'une fluxion de poitrine. La Faculté, gorgée de pontes et de suffisants, lui aurait prescrit un régime lacté. Mais c'est qu'on ne fait pas avaler n'importe quoi à Molière, il n'est pas ce balourd de monsieur Jourdain ! Ni ce terne Argan qui, lui, pour le coup, goberait jusqu'à en crever ce que lui disent et prescrivent ses jargonneux médecins. Molière bouffe et baise ! Il jure comme un charretier, éructe, postillonne, crache, rote et pète ! Chaque ligne de son œuvre explose par tous les pores, de toute sa sueur, de toutes ses humeurs : du suint de la vie. Tout ce que nous délaissons, l'impertinence, la provocation, la liberté, il l'ose. Tout ce que nous abandonnons, il se refuse à y renoncer. La mort ne lui fait pas peur, et d'ailleurs il n'est pas pour lui de plus grand plaisir que de la défier. Et nous qui geignons à la moindre misère. Qui courons chez le médecin au premier bobo. Chez le psy à la première contrariété... Alors que nous avons tout ce qu'il faut en nous pour faire la nique à la mort. On n'en sortira pas vainqueur, c'est entendu, mais avec les honneurs. Dents serrées et poings fermés.

Puisque nous savons que nous allons mourir, pourquoi renonçons-nous si souvent à vivre, rire, aimer ? Probablement parce que vivre fait peur. Notre angoisse de la relégation sociale, voire de la misère, nous pousse à renoncer. Et cette angoisse est plus forte que nous, que tout. Alors on se dit qu'on s'en sort à peu près, que c'est déjà bien, que ça pourrait être pire, qu'à tout prendre il vaut mieux être prudent, savoir se contenter de ce qu'on a même si c'est peu. Nous nous figeons.

Pigeons de cette société en lambeaux. Et nous nous raisonnons d'autant plus que cette peur est fondée : qui trouverait la force de vivre, rire, aimer, en dormant dans les caniveaux ? Mais elle a beau être légitime, nous devons empêcher cette peur glaçante de nous pourrir la vie. C'est un cercle vicieux : en la laissant nous envahir nous l'autorisons, nous l'entretenons, pire, nous la confortons, et peu à peu nous rendons les armes ; nous tuons en nous tout ce qui pourrait nous pousser en avant, nous nous sclérosons. Qu'avons-nous à y gagner ? L'infinie perpétuation de la peur ? Sa transmission à nos enfants ? La sauvegarde de ce libéralisme fou qui détruit nos rêves et ruine notre énergie ?

Plutôt mourir.

Et que ceux qui veulent se coucher se couchent : Molière, lui, restera debout et repoussera ses propres limites. Fût-il malade, vilipendé, trahi, banni, menacé. Nous aussi, soyons des animaux, faisons triompher nos instincts. Et laissons Molière attiser les nôtres, laissons-le secouer le ronfleur en nous. Réveiller ce qui roupille au fond de nos cœurs.

Laissons-le délivrer la vie qui croupit en nous comme une vieille eau sale et lui redonner son énergie première. Celle que nous éprouvions, gamins, quand nous courions nus à travers champs, quand nous contemplions ébahis le corps des femmes et que nous en rêvions la nuit, quand nous voulions cavaler pieds nus dans la neige ou nager le plus loin possible, quand nous souriions au clochard gueule violette et pif tomate transi sur son trottoir, quand nous nous imaginions héros, cavalier blanc, chevalier noir, général bleu. Que nous rêvions de partir à la conquête du monde.

Nous sommes loin ici du Grand Siècle, des frous-frous, des intrigues chantillysées, des souliers dorés et autres perruques laquées. Plus que des drames domestiques, les pièces de Molière sont des bordels familiaux. Du Vinterberg avant l'heure : c'est *Festen* tous les jours ! On brûle, on crache, on inceste et on cogne. On meurt de rire ou on crève de dépit, mais c'est parce qu'on vit. Molière n'est pas l'aimable peintre de la bonne société : à quoi bon ces aplats, ces belles harmonies, ces allégories proprettes et ces natures si justement qualifiées de mortes quand la vie n'est que matière brute et foutoir ? Molière est tout le contraire, sculpteur attaché au relief, au dur, au creux et au crasseux. Racine, Corneille, ses illustres confrères toilent, esquissent, ébauchent, enjolivent, aquarellisent. Lui gouache, barbouille, s'en fout plein les doigts. Retournez les pièces de Racine et de Corneille, vous n'y verrez qu'un châssis, du vide. Retournez celles de Molière, vous rencontrerez la vie.

Pas de fard, pas de grimaces, pas de singeries. Rien de leur langue châtiée, alexandrinée, rien du lustre de leur verbe poli. Seulement le langage dans sa liberté, seulement la langue insolente et forte.

Le français, langue de Molière ?

Nous avons beau essayer de nous convaincre que Molière exagère, qu'il caricature, nous ne rions que pour mieux nous défendre de ce que nous sommes. Et si nous adorons rire des mille et un travers des Jourdain, Harpagon, Sganarelle, Alceste, Dom Juan et autres Arsinoé, en notre for intérieur nous savons bien que c'est de nous qu'il s'agit. Oh, il y a bien une petite voix qui nous souffle que nous ne valons pas mieux qu'eux, ces grotesques, ces ridicules, ces pontifiants, ces vaniteux, tous ces emplumés dont nous rions à cœur joie, mais nous nous empressons illico de la faire taire. Nous avons bien trop besoin de nous croire différents, supérieurs, meilleurs. Non que nous soyons spécialement fiers de nous. Mais parce que, dans sa férocité, le monde dans lequel nous vivons nous pousse sans cesse à écraser l'autre. À dévaloriser tout ce qu'il fait et entreprend pour mieux le déprécier dans son être. Si bien que nous finissons par confondre la saine émulation et l'impitoyable compétition. La juste place de l'ego et l'imposture narcissique. Le besoin de persévérer dans notre être et cette satisfaction injuste à trouver en l'autre tous les défauts possibles et imaginables. Si nous nous surévaluons ou que nous nous montrons trop complaisants envers nous-mêmes, c'est donc pour continuer d'exister dans un univers où la sélection permanente fait loi et où ceux qui n'auraient pas la combativité requise sont jetés au rebut. Pourtant non, hélas, nous ne sommes pas meilleurs que quiconque... Hélas, ou plutôt heureusement. Nous aussi sommes médiocres, fourbes, veules, hypocrites, menteurs, frileux, avares, avides, traîtres à nous-mêmes et aux autres. Toujours disposés à la première saloperie.

En un mot ? Des humains.

Il faudrait pouvoir vivre dans l'inconscience qui nous innocenterait, comme si nous étions ivres. Sans drogues ni alcools, comme éméchés par nature. Car l'ivresse n'est pas une question de substances ou d'artifices, mais d'attitude et d'engagement. Il ne tient qu'à nous d'être ivres de bonheur, de rage ou d'excès. Ce serait là notre génie, comme ce fut celui de Molière. Impose ta chance, serre ton bonheur et va vers ton risque, nous dit René Char : accrochons partout le mot du poète, dans nos églises ou nos commissariats, dans nos banques et nos bureaux, et jusque dans nos cabinets d'aisances ! Puisque si personne ne nous rappelle, à chaque instant, que la chance se provoque et s'empoigne, que si nous ne nous battons pas, si nous choisissons de rester tièdes, indifférents, blasés, bref si aucun Molière ou Coluche ne vient nous balancer un coup de pied au cul, alors nous passerons toujours à côté de tout, de nos désirs comme de nos vies.

Ne doutons jamais que, chez Molière, c'est toujours nous qui sommes objets de comédie. Nous qui nous aimons et nous déchirons. Qui nous marions et implorons le divorce. Qui nous séparons et invoquons l'amour. Nous passons notre temps à tenir en bride ce qui nous bouleverse alors qu'en nous tout trépigne. Nous enfouissons, nous refoulons. Aveugles par choix. Sourds par facilité. Muets par crainte. Nous passons notre vie à passer à côté d'elle. Combien sont-ils à n'avoir jamais osé devenir ce qu'ils rêvaient d'être ? Combien ont nié leurs désirs et renié leurs rêves pour mieux se fondre dans la mollesse du social, la sécheresse du carriérisme, le conformisme stérile du confort ? Combien, par fainéantise, lâcheté, étroitesse d'esprit, manque d'ambition, ont trahi leur jeunesse ? Combien à avoir épousé la mauvaise personne, à avoir fait des enfants pour de mauvaises raisons ? Juste pour ne plus être seul, pour vitaminer sa vie, payer moins

43

d'impôts ou épouser le moule d'une existence déjà maussade, sans choix ni joie ? Combien ont asphyxié la vie en eux et lui ont préféré une routine qui rassure et console, jusqu'au jour où elle devient mortifère ?

Molière, non seulement ne refuse pas ce qui en lui ne demande qu'à croître, mais l'accueille, l'écoute, le chérit et le décuple. Il n'a pas le temps de lever la tête au ciel : la vie l'interpelle. Ses héros ne courent pas après les chimères mais après leur propre vie. Ce ne sont pas les dilemmes cornéliens qui les foudroient, mais les échecs quotidiens. La malice de Molière est là tout entière, qui nous montre la vie dans sa crudité et sa trivialité, la vie et ses emmerdements, la vie emberlificotée, décevante, usante : la vie impossible. Tout ce avec quoi il nous fait rire à nous en étrangler.

Son génie, sa grandeur, c'est qu'après nous avoir embarqués dans ce flot de bons mots, dont nous nous sommes tant esclaffés, le voilà qui nous enjoint de prendre parti. Molière, comme tout auteur de comédie qui se respecte, sait nous brusquer. Nous dévoilant au passage ce qui se dissimule derrière le rire : l'authentique et profonde tendresse qui nous attache au héros. Cette forme de fragilité où nous reconnaissons un peu de nous en lui et qui nous convainc que nous pourrions, dans les mêmes circonstances, réagir comme lui. Ridicules, peut-être, mais infiniment touchants. Car nous sommes peut-être tous des héros, tous des Di Caprio, des Eastwood, des Clooney ou des Gosling, mais nous sommes tout autant des Bourvil, des Coluche, des Depardieu, des Boon ou des Charlot. Des Sganarelle ou des Alceste. Alors Molière nous interpelle : que feriez-vous à ma place ?

Parce qu'il en est dans la vie comme sur scène : tout se noue et se dénoue toujours dans la confusion. C'est pourquoi la comédie est drôle et la vie bouleversante. On ne trouvera jamais rien de tel chez les belles âmes, chez Racine, chez Corneille, encore eux, fascinés par le pompeux Destin majuscule comme le chien par ses croquettes. Chez eux, pas d'odeurs, jamais : ça désodorise à plein flacon. Dieu ne sent pas sous les bras ! Molière, lui, sue et pue. Peu lui importent les préjugés, les petites opinions, le qu'en-dira-t-on, jamais il ne se met à couvert de la risée publique. Il s'en fout. Mieux : il s'en réjouit la panse.

Moi qui ai eu le bonheur de l'avoir si souvent joué, je veux avouer combien, l'incarnant, j'ai toujours la sensation, jouissive, de franchir un interdit. L'idée surprendra peut-être, tant on le célèbre et l'enseigne de par le monde, mais c'est ainsi : avec Molière, tout comédien éprouve toujours le plaisir de la transgression. Sans doute même est-ce pour cela que j'aime tant le jouer. Parce qu'il m'est indispensable pour respirer. Je ne veux pas me contenter de ce qu'on nous offre, pardon, de ce qu'on nous vend. Je ne veux plus prêter l'oreille à la petite musique du temps, à ses rengaines formatées, éthérées, chloroformées. Marre de la soupe et du sirop. Des discours obséquieux et des sermons lénifiants. De cette bien-pensance intarissable qui dégouline des sourires aux dents blanches. Des plastiques huilées et des chairs liposucées. Je veux du vrai, de l'asymétrique et de l'irrégulier. La vie n'est pas spécialement belle, elle est même souvent moche. Or, jouer Molière, c'est témoigner aussi de cette laideur d'une vie qui, de toute façon, finit mal. C'est donner place au sale, au bizarre, au biscornu, au déviant. Je laisse à d'autres le soin de pasteuriser la vie si bon leur chante, et leur préférerai toujours celui qui la montre nue sous son manteau de puanteur et de vérité tremblante. N'est-elle pas dégueulasse la vie ? Le mot n'est pas trop fort : elle résiste, elle supporte beaucoup, mais quand ça déborde elle dégueule. Comme chez Molière, où tout est toujours prêt à péter. C'est qu'il n'a rien de ces beaux écrivains tenant fièrement leur plume à la main. Il est comme nous, un héros et un lâche, un voyeur et un vaurien. Croyez-vous qu'écrire soit pour lui le fin du fin ? Qu'il ne s'agisse que de cela ? Bien sûr que non ! Ce qu'il veut, c'est se redresser et nous aider à nous redresser. Il sera d'ailleurs le seul, tout ce siècle durant, à y parvenir, laissant les héros de Racine et de Corneille invoquer leurs dieux et les supplier pour qu'ils les sortent de leur fange, ce destin fatal et tragique, forcément tragique, qui les écrase. Molière, lui, ne veut pas d'un homme à genoux. Il veut nous rendre notre dignité d'homme qui ne croit qu'en l'homme. Prouvons donc, à nous-mêmes si ce n'est au monde, que nous ne sommes pas anéantis, trop bien éduqués, trop bien formatés, trop bien nipponisés. De gentilles petites marmottes inoffensives. De gentilles petites fourmis ouvrières. De gentilles petites abeilles laborieuses. Malmenons, bousculons ! Emmerdons, même ! Mais sachons aussi rire de nous-mêmes : nous sommes parfois si pathétiques.

On me trouve excessif ? Tant mieux, car le dicton a tort : ce qui est excessif n'est pas insignifiant. C'est la tempérance, la modération, la pusillanimité qui sont insignifiantes. Dégradantes parfois. C'est dans l'excès que nous pouvons espérer trouver notre fond de vérité, dans l'outrance et la hargne qui nous rendront plus ambitieux. On nous montrera du doigt, on ragotera, on médira. Les Français adorent ça. Jalouser. Hurler. Stigmatiser. Condamner. Juger. Punir. On s'en fout, l'essentiel est d'être plus fort que la masse, plus fort que la meute. Il ne s'agit pas seulement de faire le pitre sur scène, celle du théâtre ou celle de la vie, pas seulement de déclencher des torrents de rires ou de larmes, pas seulement de susciter de belles et saines émotions : il s'agit de vivre. Et pour vivre, il faut savoir courir le risque de déplaire.

Ne croyez pas que l'impératif soit différent au théâtre. Prenons Alceste par exemple, ce personnage du *Misanthrope* où s'incarne tout le génie de Molière. Ce type dont la lucidité et l'expérience des hommes le conduisent à vomir le genre humain. Ce que nous faisons tous mais sans toujours avoir le courage de l'avouer.

Si c'est un honneur pour tout comédien britannique de jouer Hamlet, c'est un devoir pour tout comédien français de jouer Alceste. Mais attention, il n'y a pas de retour en arrière, aucun acteur n'en sort indemne. Parce que c'est le rôle qui apprend tout au comédien sur lui-même. Pas la technique, qui n'est jamais qu'une question de travail, mais quelque chose d'autrement plus élevé, quelque chose qu'aucune école n'enseigne : à sortir ses tripes. À découvrir sa vérité et à la porter aussi haut que possible. Et à l'imposer s'il le faut. Alceste révèle l'homme derrière le comédien : il ne s'agit plus de suivre consciencieusement les consignes du metteur en scène, d'interpréter avec plus ou moins de naturel et de nuances, de chercher à se rendre aimable ou séduisant ou brillant, mais de fouiller en soi et d'y trouver l'Alceste qui n'attend que ça. Il faut cesser d'avoir honte de nos mauvaises pensées, de nos rages incontrôlées, de la haine, du dégoût que, à tous, à un moment ou un autre, le genre humain nous inspire. Cesser, en somme, d'avoir honte d'être un homme. Mais pour le comédien la sanction sera impitoyable : jouer Alceste, c'est jouer sa vie.

On risque gros à incarner un tel personnage parce qu'il s'écarte toujours du troupeau. Sa pensée piétine, boite, marche à reculons et bondit en avant. Elle est insoumise, inopinée, insolente. Alceste lui-même enrage, éructe, invective. Il affirme haïr les hommes, les uns parce qu'ils seraient méchants ou malfaisants, les autres parce qu'ils seraient trop complaisants aux méchants. Mais alors pourquoi, affichant une telle intégrité, n'a-t-il pas la loyauté de se haïr lui-même ? Car le voilà qui fait un pas en avant vers l'intransigeance, puis qui recule de deux et se montre lâche en amour ! Et de se soumettre à Célimène, de s'accommoder de ses roueries, de ses flatteries, de ses impudeurs. Molière a génialement saisi la complexité d'Alceste parce qu'il a, comme Chaplin ou Guitry après lui, non seulement un extraordinaire sens de la comédie, mais celui de la distance qui débusque le ridicule en nous, cet aveuglement qui nous présente au miroir de la vie le reflet des autres. Tous ces autres que nous nous autorisons à juger sans vergogne. Mais qui ose avoir le courage d'accepter son propre reflet ? Qui ose en cerner ce qu'il a d'hypocrite et de flou ? En distinguer les traits véridiques et ingrats qui nous définissent ?

Pour un comédien, le secret du rôle, alors, c'est de n'être plus soi-même. De se projeter hors de soi : Alceste n'existe que si l'interprète va chercher tout au fond de lui ce qui, aux yeux des puritains et des philistins, passera toujours pour excessif.

Nous avons tous un double en nous. Tapi, prêt à bondir et à étouffer notre impétueux besoin de liberté. Et il y réussit très bien. Il lui suffit d'arguer de son intelligence, de son discernement, de son réalisme. De sa raison. Car entre le raisonneur et le raisonnable, c'est une grande histoire d'amour.

Le raisonneur est toujours celui qui va vous prouver par $a + b$ que la liberté est déraisonnable. Que l'aspiration à cette liberté est un indice de votre immaturité. Que ce que vous prenez pour un bel idéal n'est qu'un caprice puéril. Une émotion mal maîtrisée, une humeur d'hypersensible ou de fou. D'ailleurs l'émotion joue contre vos intérêts, elle est mauvaise conseillère. Bref, le raisonneur nous fait la leçon parce que la liberté lui fait peur : il lui préférera toujours sa prison mentale.

Molière aussi avait son double. Pire, son doublon castrateur : Jean-Baptiste Poquelin.
Pragmatique, prudent, calculateur, intéressé, bon gestionnaire. Toute l'œuvre de Molière s'est bâtie grâce à ce double-là, ce Poquelin en lui. Grâce à lui, mais aussi contre lui. Car quoi de plus difficile que de se libérer de soi-même ? De faire sauter ce qui nous cadenasse dans nos peurs, nos anxiétés, nos pudeurs ? Tous, nous en faisons l'expérience quotidienne. Nous osons si peu manifester nos émotions. Nous veillons tellement à conserver notre superbe. Nous avons tellement peur du regard des autres. De notre propre regard, aussi. Nous sommes en réalité si peu sûrs de nous-mêmes. Nous sommes tellement soucieux de ressembler à monsieur Tout-le-Monde. Tellement désireux

de ne pas faire tache dans la norme du jour. Même si nous savons bien que, ce faisant, nous jetons nous-mêmes des clous sur notre route et accrochons des muselières à nos cœurs. Nous ne sommes pas assez durs, pas assez exigeants envers nous-mêmes. Contrairement à Molière, qui envers lui-même fut un authentique tyran et le deviendra d'ailleurs toujours plus en vieillissant. Cocu, trahi, ruiné, il ne s'autorisera plus qu'à interpréter des rôles à son image, des personnages toujours plus esseulés, aigris, âpres. Voire tragiques. Songez à Argan, ce pathétique malade imaginaire, messager de la mort qui, trop heureux de l'occasion, vient pour emporter Molière : jaloux, maso, Poquelin tient sa vengeance. Acculé à avancer, droit devant, sans aucun regard pour ce qui est passé, mort et enterré, aucune nostalgie, aucun sentimentalisme. Et s'il devait, à trente ans, se convaincre qu'on attendait tout de lui, le voilà, à cinquante, qui doit se résigner à ce qu'on en attende trop. Le destin des personnalités exceptionnelles, celles auxquelles on ne passe rien et dont on exige toujours plus. Poquelin a beau être ce qu'il est, retors, malin, Molière n'en fait qu'à sa tête. Et il a raison, mille fois raison. S'il n'avait été aussi obstiné, individualiste, excessif, son nom serait aujourd'hui bien oublié. Quant à ce pauvre Poquelin, il finira criblé de dettes et accablé de soucis, couvert d'opprobre.

C'était le prix à payer. Le prix de la liberté et du génie.

Comme Charlot avec Chaplin, Molière aura fini par tuer Poquelin. La créature a toujours le dernier mot.

Pour savoir vivre, il faut être joueur. Avoir le goût du quitte ou double. Du tout ou rien. Pour nous comme pour les héros de Molière, ce sera toujours rien, nous perdrons toujours. Ainsi va la vie. Nous ne pouvons vivre heureux, nous ne pouvons vivre grandement que parce que la mort nous guette et que nous le savons. C'est elle qui rend notre vie si précieuse et, en fin de compte, si profondément théâtrale.

Le sage Poquelin mourra en rendant son âme.

Molière, lui, aura mis la sienne tout entière dans son œuvre.

Et ça fait toute la différence.

3
AIMER PLUS FORT

La grande affaire des humains, c'est l'amour.

J'adore les clichés : le cliché, c'est la Rolls du troisième degré. Mais plus encore, j'adore observer ceux qui soupirent contre les clichés. Ils pensent probablement manifester leur supériorité intellectuelle : ils démontrent surtout à quel point l'esprit de sérieux endort le cœur et l'esprit. Car la dénonciation parisienne du cliché, c'est le top du snobisme intellectuel. L'arme éculée de ce nœud de vipères qui se croit suffisamment singulier pour dénoncer ce qu'il y a de commun chez l'autre, quand la dénonciation du cliché est l'archétype même du cliché.

Cliché des clichés, donc, pour ceux-là : l'idée selon laquelle la grande affaire des hommes serait l'amour. Cliché des clichés, vraiment ? Ou vérité des vérités ?

C'est une chose qui me désole et me fait enrager : l'impression qu'on ne sait plus aimer. Que l'amour est devenu une simple affaire contractuelle. Un compromis domestique, un placement bancaire, un arrangement juridique. Un business. Et on se pinte à la Saint-Valentin comme d'autres fêtent la bière à Munich. Les jeunes filles en fleur s'adonnent à l'amour people en couvertures rose bonbon tandis que les sextapes remplacent les romans d'initiation et que Nabilla a supplanté la Bovary. *Exit* Anna Karénine, *welcome* Kim Kardashian ! Les amours plastiques donnent le coup de grâce à la seule tyrannie qui vaille, celle de l'amour fou. Comme si l'amour s'était mis au diapason de nos sociétés : fonctionnel, consumériste et crado-ringard. Le piano n'est plus qu'un meuble, chantait joliment Jacques Brel : non seulement l'amour est mort, mais encore on ne sait plus mourir pour lui.

La grande affaire des humains, oui. La seule capable de décider un être à vivre ou à mourir pour l'autre. De lui faire perdre la tête. La seule passion plus forte que l'argent, que la réussite, que l'ego.

Aimer, c'est donner tout ce qu'on a en sachant que rien jamais ne nous sera rendu. On aime à perte ou on n'aimera jamais. Tout le contraire d'un investissement dont on pourrait attendre un retour avantageux : un don de soi. Un don pour la vie. Un don irréfragable.

Qui peut douter que l'amour meurt aussi ? C'est même ce qui en fait la beauté. N'être qu'une saison de l'âme. La cinquième. Celle qui dure plus longtemps que toutes les autres, les enveloppe et les embellit. Jusqu'au jour où elle se dissipe et les noircit à jamais.

Comment pourrait-on aimer sans vivre dans les parages de la mort ?

Jean-Baptiste Poquelin a vingt et un ans lorsqu'il tombe fou amoureux de Madeleine Béjart. Pour elle, il va devenir Molière. Il va inventer son double, sa créature, pour la séduire. Madeleine a quatre ans de plus que lui et, surtout, trois vies d'avance. Avec le comte de Modène, avec ses amants, et avec ses multiples vies de comédienne. Molière va capter son énergie et sustenter sa rage. Sa lucidité aussi, implacable : meneuse d'hommes, mais les pieds sur terre. Le jeune Molière pressent bien vite que si aimer une femme n'est pas toujours une sinécure, s'en faire aimer est bien pire. Spécialement quand celle-ci a tant souffert et tant aimé déjà. Molière ne lui procure d'ailleurs aucune révélation d'aucune sorte, ni intellectuelle, ni artistique, ni sexuelle. Pourquoi alors lui cède-t-elle ? Cela paraîtra fou, mais il lui donne la seule chose qu'elle n'ait jamais pratiquée : la fidélité.

À une femme bien sûr, mais aussi à des valeurs. Et plus encore à l'Illustre Théâtre, qu'ils créent ensemble. Quant à elle, elle va faire de lui un homme. Forger son caractère, l'aguerrir, l'éduquer. Mais fine mouche, sans jamais le soumettre. C'est qu'on avait, alors, le sens de la liberté. Enfin elle lui offre son corps. Comme son nom de scène. Béjart : le sésame qui ouvre bien des portes.

Molière n'a ni œillères ni préjugés. Le jeune loup sait aussi jeter son dévolu sur d'autres proies. L'animal a faim de succès, mais aussi soif d'amour.

Au fil des ans, il va avoir dans le cœur deux rivales irréconciliables : Armande, l'autre Béjart, après la mère la fille, et Marquise, épouse Du Parc, un comédien très en vue. De ce drame intime, Molière va se faire l'écho avec *Georges Dandin*.

Sur scène, il pirandellise. Censé n'être qu'un riche paysan qui déchante de ne pouvoir acheter l'amour et qui crève d'être fait cocu par Angélique, épouse malgré elle, Molière endosse le rôle pour mieux y transposer les affres intimes de Poquelin. Et plutôt que de faire du paysan cornard un prétexte à rire, le charge d'une incurable mélancolie et en profite pour régler ses comptes avec Marquise. Laquelle, non seulement le hait d'être le larbin des deux Béjart, mère et fille, vipère et petite dinde, non seulement lui reproche de céder à tous leurs caprices, mais, surtout, l'a abandonné, passant de Poquelin à Racine comme Marilyn d'Arthur Miller à Kennedy. Racine, ce jeune poète qui avait apporté ses premières œuvres à Poquelin, dont Molière attendait tant et qu'il avait même joué. Ce que

Marquise ignore pourtant, c'est qu'en courant vers Racine elle court vers la mort. Comme Marilyn.

Marquise se méfiait de Molière quand Molière ne se méfiait que de lui-même. Le marché était pourtant simple : c'était elle ou les Béjart. C'est le syndrome Marilyn : elle ou Jackie Bouvier. La balance penchera finalement du côté des B, Béjart comme Bouvier, lorsque, croyant bon d'afficher sa liaison avec Racine pour forcer Molière à réagir, Marquise parvint seulement à le convaincre qu'il ne pourrait jamais dompter cette chienne en chaleur qui le menait par le bout de la truffe. Marilyn, en passant de John à Robert, jouera le même jeu tragique. Molière était incapable de prendre le dessus : il aimait la Marquise pour elle seule, elle n'aimait que leur couple. Son drame, pourtant, à l'instar des Kennedy lâchant Marilyn, c'est d'avoir laissé filer Marquise : après cela, plus jamais il ne sera heureux. En lui préférant Armande Béjart, Molière se suicide d'amour. Et du même coup suicide son œuvre. Comme les Kennedy foudroient leur destin en abandonnant Monroe.

Combien de chefs-d'œuvre cette séparation aura-t-elle coûté ?

La première de *Georges Dandin*, le 9 novembre 1668 au Palais-Royal, a un goût amer. Molière n'a pas la tête au triomphe qu'on lui fait. Il en tirerait des larmes aux spectateurs. Nul besoin de jouer : le cocu pathétique, c'est lui. Il en souffre tant qu'il touche au grandiose. Son impudeur met mal à l'aise mais il s'en fout : elle sonne comme jamais. La mélasse du réel déborde sur la soupe des bons sentiments.

Face à lui, Angélique, l'épouse obligée, interprétée par Armande. Tous deux surjouent l'incompréhension, le mépris, le rejet. Mais ils sont duplices : ils ne s'aiment plus, ils ne font que donner le change. Jouent au chat et à la souris et jettent de l'huile sur le feu. Ils n'ont même plus à se supporter : ils se contentent de s'ignorer. Un quotidien à la Simenon : le silence qui pèse et use tout. Elle jure qu'elle veut le quitter, lui rétorque qu'il ne se console pas de ne pas l'avoir déjà fait. La situation obsède Molière, et pas seulement quand il est accoutré en Dandin : jusque dans ses nuits en Poquelin. Derrière le rideau, sur scène ou dans les draps, la même douleur.

Mais si c'est Armande, sa femme, qu'il tient dans ses bras, c'est Marquise, sa maîtresse, qu'il a dans la peau. Elle a beau l'avoir trahi, il sait qu'elle ne l'a pas oublié. Pourquoi alors rechigne-t-il à tout plaquer pour elle ? À se libérer des chaînes Béjart ? Lui qui eut tous les courages pour ceux de sa Troupe, tous les courages aussi contre les autres, ses ennemis de la Compagnie du Saint-Sacrement, ces auteurs qui le calomnient et ces comédiens de Bourgogne qui le diffament, pourquoi n'aura-t-il jamais le courage de quitter Armande ?

Molière est aussi un homme comme les autres : nous avons beau avoir le plus entreprenant des tempéraments, être le plus affirmé des caractères, les femmes parviennent toujours à nous désarçonner. Nous avons beau les étudier, les observer, les admirer, les aimer, les prendre et les comprendre, fût-ce maladroitement, jamais elles n'en finissent de nous échapper. On saisit mieux alors la fascination du dramaturge pour ces femmes qui, au départ, mesurent mal l'emprise de l'amour. Qui parfois même en ignorent tout. Ces femmes qui, dès qu'elles se mettent à aimer, se métamorphosent en louves. Qui ne sont plus en chasse ni ne courent plus après un amant, mais qui s'acharnent à ne pas perdre celui qu'elles ont. Rien ne les arrête ni ne les contraint plus : elles aiment définitivement. Du moins s'en persuadent-elles. Leur folie d'aimer, leur jusqu'au-boutisme, leur idéalisme, cette manière qu'elles ont de se jeter à corps perdu sur un homme et de l'entraîner s'il le faut dans leur chute, de vouloir lui rendre cette paire de couilles dont il manque si souvent, d'exiger du bonhomme toute la bravoure et l'honnêteté possibles, de compter sur lui pour devenir cet autre qu'elles veulent façonner, tout cela explique qu'elles aient toujours été, chez Molière, celles qui emmenaient et manipulaient ses pièces. Cela s'impose à nous comme cela s'imposa à lui : l'homme aimé d'une femme doit en épouser le rythme.

Ce qui nous bouleverse tant, en amour, c'est quand la vie déborde, qu'elle se déverse du lourd tonneau humain comme si on en avait ôté la bonde. L'amour comme le théâtre ne vit que de cela. De tout livrer à l'être aimé, ses hontes, ses pudeurs, ses manquements, ses faiblesses, ses absences même, comme le comédien qui ne joue plus seulement pour jouer mais pour dire le mal de vivre, qui engage bien plus que sa performance et s'ouvre au public comme on déposerait ses armes aux pieds du vainqueur.

C'est d'une effroyable beauté que d'être Molière et de ne jamais pouvoir se détacher de son personnage. Molière, Dandin, cocus: même douleur, même cœur brisé. De ces cocus qui ne veulent ni ne peuvent rien cacher de ce qui les mine. Et que Molière se travestisse sous les traits d'un gros paysan vénal ne dupe personne. Il fait son *coming out*. Face au public ou face au vide, c'est kif-kif. Nous rions entre les larmes, mais nous rions. Voici ce qui est fascinant chez Molière, et qui pourrait bien constituer pour nous sa plus belle leçon : son appétit de vivre. La scène, la rue, la Cour, peu importe : tout se dévore. À commencer par l'amour. Évidemment l'amour. Dans lequel il s'oublie jusqu'à en éprouver toutes les dimensions : l'insondable chagrin de l'amant outragé comme la grâce inouïe de l'amoureux transi.

Et de quelle autre manière vivre l'amour ? Que serait l'amour sans excès d'amour ? Sans les humeurs qui le submergent ? Sans les doutes et le désamour ? Sans l'abîme de déraison où il nous emporte ? Guère plus qu'un plaisir jetable. Un mets périssable à consommer sur place : le caniveau des sentiments. On n'aime qu'éperdu, sauf à se régaler de quelques miettes d'affection ou, tel un jeune chien fou, de quelques caresses oubliées aussitôt qu'elles auront été prodiguées. Aimer sans se perdre, sans trembler, sans pleurer, sans vomir, sans hurler, ce serait se contenter d'être ce gentil toutou frétillant et frustré. Ce serait comme vivre congelé. Comme si tout en nous, l'âme, le corps, se rigidifiait dans l'attente de la mort.

Que pèsent, à côté de cette vie vouée à l'amour, nos Saint-Valentin de pacotille ? Nos salons de l'érotisme bling-bling ? Nos dots et nos donations ? Nos contrats de mariage et nos transactions ? Nos Pacs ?

Que s'est-il passé en nous pour que l'amour soit devenu aussi froid ?

Peut-être faut-il y voir la victoire de l'amour frelaté. Compétitif et performant, ou qui se croit tel. Hypersexué. Du toc. Or, en amour, la première des règles, la plus impérieuse, c'est que, précisément, il n'y en a pas. Hormis celle d'y déroger. Autrement dit, il faut faire tout ce que Poquelin ose écrire et que Molière n'ose pas vivre.

Il n'existe aucun moyen, aucun intermédiaire, aucune recette, aucun gourou qui puisse t'aider à trouver la bonne personne. Celle qui est faite pour toi. Inutile de te mettre en chasse : elle t'attend, elle va venir. À toi de ne pas la laisser passer, car il n'y en aura pas d'autre. Cours seulement le risque de te dire : c'est elle. Et peu importe d'aimer à jamais, l'essentiel est d'aimer comme si tout devait prendre fin. D'aimer chaque jour comme on aime la première nuit. L'amour n'est pas fait pour les mous, et la tiédeur est ce qui le tue. Ce qui le vide. Et c'est dans ce vide qu'ensuite se déversent des tombereaux d'hypocrisie, de bassesse et de renoncements. Place alors au venin du jugement. À l'amour-vipère.

Être en couple ? Être en boucle.

Étouffer l'autre. D'intransigeance d'abord, de jalousie ensuite : il n'y a entre elles que la distance de quelques aigreurs.

Les amants authentiques avancent le regard tourné sur eux-mêmes. Ils ne lèvent pas la tête. Ou trop tard : l'orage a déjà éclaté. Ils n'ont pas voulu voir les nuages qui s'amoncelaient. Les mensonges sans gravité. Les paranoïas qui surmènent le cœur. Les silences accusateurs et les frustrations tues. Ils ne sont pas si vilains, au début, ces nuages blancs. Qu'ils commencent tout juste à grisonner, on n'y prêtera même pas attention. Voire on leur trouvera du charme : qui sait si ça ne pourrait pas mettre un peu de piquant dans l'ordinaire ? On sera confiant. L'éclaircie viendra. Mais les voilà qui virent au sombre. Alors arrive la jalousie, avec son petit nez pointu qui s'allonge. Et la rancune. Le ressentiment. La haine. Les jolis nuages blancs s'encrent de noir. Et le ciel déverse ses eaux sales sur nos cœurs assoupis.

Pour autant, on ne peut s'aimer sans se déchirer. Ce serait comme se gonfler la vessie sans jamais aller pisser : à trop se contenir, elle finit par éclater. C'est pour ça qu'avant de partager sa vie, encore faut-il avoir appris à s'accepter soi-même. Comment aimer l'autre, comment croire ou au moins s'imaginer qu'il vous aime aussi, si l'on n'a pas un tant soit peu appris à s'aimer soi-même ? Faudrait-il un diplôme ? Un permis d'aimer ? Un droit ? Devrait-on instaurer un code de l'amour qui enseigne les fautes à éviter à tout prix ? Car il y a des règles en tout, et l'amour n'y échappe pas.

S'aimer soi-même, c'est commencer par refuser ce qui nous trahit. Ce qui sonne faux et nous éloigne de notre être profond. C'est briser ce miroir déformant où nous cherchons avec une complaisance morbide tout ce qui ne va pas, tout ce qui ne marche pas droit et qui déraille en nous. S'aimer soi-même, c'est arrêter de se prendre pour ce qu'on n'est pas et accepter lucidement mais fièrement de devenir ce que l'on est. Car quand on se hait, on finit par éprouver le plaisir de se trahir. Du coup, on trahit les autres. Ceux qui se déconsidèrent, qui se regardent comme des ratés, qui en viennent à s'accabler d'être ce qu'ils sont, comment ceux-là, ces laissés-pour-compte de l'amour, accepteraient-ils d'aimer et d'être aimés ? Et qu'en feraient-ils d'ailleurs, de l'amour, si ce n'est le souiller ? L'amour a besoin d'un cœur mature. D'un cœur vivant. D'un cœur ouvert. D'un cœur mis à nu.

Chez Molière, le héros a le culot, la liberté de prendre les devants et de s'avouer à lui-même ce qu'il devra avouer aux autres.

D'avancer à découvert et de révéler ce que, de toute façon, ils ne tarderont pas à découvrir. C'est la bonne, la seule manière d'être. Parce que le regard de l'autre nous oblige à nous dépasser. À donner le meilleur de nous-mêmes.

L'amour nous voit tel que nous serions sans lui : perdus. Et il en profite. Il se délecte de nos carences. De nos doutes, de nos veuleries, de toutes ces tergiversations qui nous compriment et nous broient. Et tandis que le mari cherche par tous les moyens à retenir sa femme avant qu'elle ne le déçoive, la femme décide de partir avant de se décevoir. L'amour ne cesse pourtant de nous mettre en garde : il ne dure jamais. Mais nous ne voulons pas l'écouter. Nous préférons aimer à l'aveugle. Espérant peut-être, jobards que nous sommes, passer entre les gouttes. Peine perdue.

Les deux tabourets du couple n'étant jamais placés à même hauteur, nul n'est jamais posté à égale distance de l'amour. Chez Molière, se marier, autrement dit poser ses fesses sur le même siège matrimonial, n'arrive jamais que pour corser la comédie. Car on s'y sent toujours mal à son aise, étriqué, asphyxié. De l'air ! Tellement qu'au tabouret on ne tarde plus à préférer le canapé et à s'y vautrer : qui aurait envie de jouer sa vie sur une seule fesse ? Car à la gamme des sentiments, *do* désir, *ré* tendresse, *mi* sexe, *fa* fidélité, *sol* jalousie, *la* passion, *si* générosité, s'ajoutent les bécarres mensongers et les dièses égoïstes. Divorcer, alors, c'est reprendre son tabouret personnel. Et que le serment de l'amitié vienne toquer à la porte, Molière s'empressera de la lui claquer au visage : comment peut-il tenir la comparaison ? Tenir la rampe face aux embrasements de l'amour ? Même s'il faut se brûler ou déclencher des incendies. Aimer, ce n'est pas tremper dans une eau bleu lagon à température du corps, ce n'est pas attendre la mort en se noyant dans les yeux de l'autre, c'est chérir tout ce qui brûle et pousser le feu jusqu'à ébullition. Immortaliser l'absolu du premier regard. S'incendier. Les cendres viendront plus tard.

Celui qui aime tend la main à l'autre. Pas pour la lui prendre, pour la lui donner. Car aimer, c'est rendre : on donne l'amour, on rend heureux. Les petits mots tendres et croquignolets ne suffisent pas à Molière. Ce ne sont rien que des gouttelettes d'âme. Lui, il lui faut tout : torrent, éboulis, déluge de passions et de vérité. Sans amour il ne peut rien. Ni jouer, ni écrire, ni vivre. L'enfer ? Lui sans les autres. Sans ses comédiens. Sans sa Troupe. Et sans ses personnages, qui le hantent.

Aimer est un ogre. Aimer a toujours faim. Il a beau se nourrir de lui-même, il nous bouffe la vie.

Aimer a la foi et accepte son destin. Lequel destin possède la souveraineté du vent : que celui-ci se lève et dirige sa barque, notre héros se laissera emporter.

Aimer a besoin d'y voir de près. On se cramponne et on joue des coudes comme dans une mêlée. On se marche dessus et on hurle. On se griffe et on ronronne. On est chat, on est chien.

Aimer ne tient pas sa langue et parle à tort et à travers. Tout pourrait porter le même sous-titre : confidences et trahisons.

Aimer est le cancre du fond de la classe. Douter, tempérer, obtempérer : pas question. Il n'en fait qu'à sa tête. Il sait tout et ne fera pas l'effort d'en savoir plus. Ceux qui ne croient pas en lui n'auront droit qu'à son mépris.

Aimer engloutit l'autre. Il lui prend son temps, son énergie, ses pensées. Même absent, il l'oblige à penser à lui.

Aimer élastique tout. Amour tendu. Amour qui claque. Amour fou contre amour mou. Et au diable les flasques.

Aimer écarte les cons qui se tiennent en surface des êtres. Il accule à se mettre en règle avec soi-même avant qu'il soit trop tard. Car à l'intérieur les cicatrices saignent à jamais.

Aimer est prêt à tout. À jouir comme à mourir.

Aimer est une lame. Cœur tranché, coupé, déchiré. Partagé : ni moi ni l'autre.

On a beau noter des trucs dans la marge, des conseils de grands-mères, des petites astuces de séduction, des blagues Carambar ou des promesses intenables, jamais on ne cesse de gommer et de raturer. Et on espère s'en sortir, recoller les morceaux en ouvrant des parenthèses-vacances. Avant d'inlassablement retomber sur notre grammaire bégayante, points d'interrogation-incompréhension, points d'exclamation-récrimination. Qui pullulent et gâchent tout. Comme si nous faisions en sorte que rien ne se gomme jamais : tout reste tatoué à jamais sous nos veines, le pire comme le meilleur. Au point qu'on ne sait bientôt plus distinguer l'un de l'autre. Alors nous refaisons l'histoire. Nous réinventons. Nous artificions. Le privilège de savoir tricher reprend le dessus. En bons petits révisionnistes de l'amour, nous extrapolons la puissance de notre bonheur éphémère pour mieux le retenir et espérer le revivre. Nous nous forçons à croire que ce moment inouï, miraculeux, jouer à jouir, résume tout à lui seul, qu'à lui seul il dit tout de notre amour. Fantasme, bien sûr.

Par hantise d'aimer souffrir, Molière a consacré sa vie entière à souffrir d'aimer. Sans pouvoir s'en défaire.

D'ailleurs on s'aime mal dans ses pièces. Ou trop vite, trop tard, ou trop fort. On aime, en somme, comme on respire : si ça s'arrête, on crève. Il est d'ailleurs sidérant, pour cette seule raison qu'on s'est toujours contenté de guignoliser Molière, que Marivaux ait fini par occuper la place qui aurait dû lui revenir : celle du premier poète d'amour français. Et si ce livre ne devait avoir qu'une utilité, que ce soit celle-ci : associer à jamais au nom de Molière celui de l'amour.

Car j'en ai marre qu'on le bouffonne. Qu'on le sganarellise. Comme on charlotte Chaplin. Jamais Molière n'a vu en ses personnages le moindre clown. S'il les fait turbulents, facétieux, candides ou roublards, naïfs ou hypocrites, ou tout à la fois, c'est pour mieux les libérer d'eux-mêmes et les inciter à fuir. Pour leur donner le goût de jouer et le plaisir de se cacher. De se perdre et de se retrouver fous éperdus dans la forêt des sentiments. De vivre avec cet affolement nourricier.

Ils sont nombreux, les personnages de Molière, à se barricader contre l'amour. Non qu'ils en auraient souffert, à l'instar des héros tragiques, ou qu'ils se sentiraient mal aimés, trahis ou abandonnés. Ils ont souffert, oui, mais pas de l'amour : de son manque. Et si cette virginité peut bien les rendre comiques, elle en fait surtout des êtres authentiques, qui ne savent ni comment donner ni comment recevoir. Leur vie alors se recroqueville tout entière sur leur présent, lors que l'amour est un avenir qui se construit à deux. Qui mérite bataille. Pour conquérir l'autre et le garder auprès de soi. Ou pour s'y soumettre, et aussi savoir le retenir.

Aimer n'emplissait pas le cœur de Molière : il le transperçait de part en part. C'est ce qui fait de ses pièces des chefs-d'œuvre : on y voit passer le bonheur, mais il ne fait que passer. N'est-ce pas la plus belle métaphore de notre vie ? La vie est un passage. Non pas de la naissance à la mort. Mais d'un commencement à un but. Celui de toute une vie. Combien d'entre nous l'ont atteint ? Et parmi ces privilégiés, lesquels y sont parvenus trop tard ? Ou trop tôt ? Ce qui distingue comédie, drame ou tragédie d'une vie : arriver à temps.

La vie, la mort, l'amour : jamais il ne s'est rien écrit d'autre que cela. Corneille, Racine, Molière, tout est dit.

Chez Racine, la vie est un drame qui finit mal.

Chez Corneille, la mort est une tragédie sans fin.

Chez Molière, l'amour est une comédie absolue, infinie et démesurée.

Qu'est-ce qui est plus difficile que de vivre ? C'est de vivre seul. Une fois qu'on a aimé, on a créé en soi et pour toujours le besoin infini de l'autre. Or, pour aimer suffisamment, il faut aimer trop. Comme il n'est qu'une manière d'être heureux : en ne l'étant jamais assez.

Si nous pouvions recommencer notre vie, il faudrait que ce soit par la fin. Alors nous en remonterions le fil jusqu'à ce moment où nous étions heureux et où nous ne savions pas à quel point nous l'étions. Quand nous n'en mesurions pas la rareté. La grâce.

Mais il est vrai aussi que, de l'amour, il faut savoir aimer le chagrin.

4
CHÉRIR SES ÉCHECS

De l'excès à l'échec, il n'y a que quelques lettres qui signifient qu'on ne peut vivre pleinement sans en courir le risque. Le risque de se tromper, de chuter, de rater. De se faire mal, ou pire : de faire mal. C'est la loi du genre. Le jeu, diraient les enfants. Reste que l'échec, c'est la vie même. Qu'est-ce qu'une vie qui ne serait qu'une succession de triomphes, une apothéose de tous les instants ? Une vie sans rage, sans colère ni amertume, sans chagrin ni meurtrissures ? Quel calvaire ! Que la vie est belle quand on est capable d'en aimer aussi la part mélancolique et pluvieuse. Ils se trompent, ceux qui rêvent d'une vie qu'épargneraient les embûches, les ratages, les disgrâces, une vie tout en sucre. Il n'est pas d'esprit sensible qui ne soit disposé aux emportements, à la fureur, aux mille et un tourments qui font battre le cœur. La vie sinon s'en trouverait horriblement amputée. Vivre ? Jouir et souffrir. Souffrir pour jouir, plutôt. L'un ne va pas sans l'autre, et c'est ainsi que la vie est belle.

Celle-ci, de toute façon, se charge plus souvent qu'à son tour de nous infliger des échecs, qui ne procèdent donc pas toujours de nos faiblesses ou de nos errements. De même que toutes les réussites ne doivent pas toujours tout à ceux qui en jouissent. Il y a ceux, les bien-nés, qui pétaient dans la soie alors qu'ils suçaient encore leur pouce, qui ne feront jamais rien de leurs dix doigts mais hériteront de tout. Je les appelle les gagnants perdus. Car parvenus à la fin de leur vie, ils échoueront peut-être à lui trouver ne serait-ce qu'un début de sens. Quelque chose qui transcende. La possibilité d'un bonheur en soi, d'une joie et d'une générosité à vivre qu'ils n'auront jamais connues. Et pour peu qu'alors ils s'interrogent sur le sens de cette vie consacrée à amasser du fric et des biens matériels, alors ils n'auront plus que leurs yeux pour pleurer, submergés qu'ils seront par un remords qui sera l'autre nom de la haine de soi. Et puis il y a les autres, cent mille, un million, un milliard de fois plus nombreux, les perdants programmés, qui se jettent moins dans la vie qu'ils n'y sont jetés, sans rien d'autre que leur hargne et la nécessité de survivre. Aux uns les facilités bancaires, aux autres la violence de la survie. Qui, ici, peut dire où est l'échec, et où la réussite ?

Nous pouvons, nous devons bousculer cet ordre. Mais cela exige de nous un effort continu, presque surhumain : changer nos manières d'être et de penser. Ne plus plier genoux.

Tout est question de culture et de désir. Il faut cesser de voir un minable en tout *loser* et un monstre sacré en tout *winner*. Nos rêves ne nous appartiennent même plus, ils sont préfabriqués par des publicitaires cyniques, des médias avides, des magazines putassiers. Empire du fric, leurre infect. Combien de jeunes filles ne seront pas mannequins ? Combien de jeunes hommes ne seront pas super-héros ? Ce sont ces rêves-là qu'il faut extirper du cerveau de nos gosses : c'est la condition absolue de notre renaissance.

Combien, pour parler de ce que je connais un peu après un demi-siècle dans la ruche, combien de comédiens magnifiques et d'acteurs passionnés n'accéderont jamais au plancher de la Comédie-Française ou des grandes scènes nationales ? Combien sont-ils à prêcher dans le désert ? Combien à être bannis par certains producteurs de spectacles et animateurs de shows, ces harpagons du marché ? Ces rapaces qui encombrent nos cerveaux de leurs démissions et de leur vulgarité. Et qui se plaisent, ces démagogues, à y déposer toutes les saloperies qui traînent dans l'air du temps, à conforter le beauf en nous. Parce que ça leur rapporte. Et que c'est la seule chose qui compte à leurs yeux puisque à la place du cœur ils ont glissé leur portefeuille et que, leur cœur, ils l'ont fourré dans leur poche-revolver. Pauvres comédiens occultés, excommuniés des feux de la rampe, modernes continuateurs d'une lignée qui remonte aux grottes de Lascaux, à cette lignée de jeunes pousses qui cherchent depuis toujours à sublimer la vie, à la percer à vif, à en éprouver toutes les émotions, tous les saisissements. Qui passent leur vie à la dire. Et à nous faire rêver.

Cessons de nous imposer un seul et unique modèle de réussite. La réussite, c'est s'accomplir soi-même. Faire advenir sa propre lumière, celle qui tremble et vacille en nous à l'état d'étincelle et s'impatiente de s'embraser. Hors de toute considération économique, sociale ou médiatique. Voilà ce que devraient commencer par nous dire les politiques de ce pays, quel que soit leur bord : que nous ne supportons plus cette société de vainqueurs arrogants, de triomphateurs cyniques. Ce que nous prenons trop souvent pour une panacée ou un échec n'est jamais que le reflet de nos fantasmes. Les modèles de réussite dont on nous gave, nous qui sommes déjà des oies trop grasses, ces images photoshopées d'individus entreprenants, normés, forcément riches, beaux et célèbres, ces visages épaissis par le fard, ces ersatz d'humanité sont ceux-là mêmes qui nous font cavaler vers notre perte. Aucune civilisation grecque, romaine ou aujourd'hui trumpesque ne peut survivre à cette chape de plomb doré. Seule la culture, ce rempart qui ne pliera jamais, peut rivaliser avec ceux, individus, lobbys, multinationales, qui sapent à coups de billiards de dollars notre lointaine et paysanne humanité.

Pour les combattre, osons Molière.

La grandeur ne réside pas dans ce qui est grand mais dans ce qui est haut. Haïssez les grandes phrases, les grands sentiments, les grands donneurs de leçons : leur grandeur contient l'étendue sans limites de leur vide et de leur fatuité. Ce qui est grand est ce qui est simple, droit et juste. Humble, car jugeant de haut.

Reste que les échecs existent. Concrets, douloureux, traumatiques. Les êtres exemplaires, les admirables, sont ceux qui savent les faire fructifier. Qui trouvent moyen d'en tirer matière à une réussite future. Qui, non contents de chercher à contredire le destin, décuplent d'audace pour en tirer les leçons. Pour le défier, le contraindre et passer outre.

La lâcheté du renoncement, c'est la mort : autant renoncer à notre humanité.

Nous n'avons pas le droit de rester les armes aux pieds. Que les autres crèvent d'être craintifs, veules, résignés. Se laisser abattre par l'échec amoureux, artistique, professionnel ou autre, c'est baisser les yeux sur ses pompes en rougissant de honte et en en redemandant. C'est s'agenouiller devant la fatalité et confesser à la face du monde que nous sommes faibles, lâches et velléitaires. Alors qu'il faudrait précisément secouer nos instincts et booster l'animal en nous. Nous faire panthères, déchiqueter. Nous faire loups, dévorer. Mieux : nous faire taureau et encorner les toreros ! Défier la mort.

Ceux qui font l'histoire et la beauté du monde ont toujours connu l'échec. Le malheur, la douleur, le désaveu, l'infamie. Suivis parfois du déshonneur. Mais il n'est jamais de grande œuvre ni de grande existence sans grande adversité. Souvenons-nous de *Carmen*, sifflé lors de sa création à l'Opéra.
Pourquoi Molière y aurait-il échappé ?
Lorsqu'il perd son premier fils, Louis, qui n'a pas même un an, peut-on seulement concevoir sa douleur ? Il était son aiglon : avec lui, la Troupe aurait eu son Dauphin. Ce drame intime va conduire à un enchaînement d'événements funestes, une vraie loi des séries. Et aussi étrange que cela puisse paraître, cela va desservir Molière auprès de celui qui le soutenait jusqu'alors presque inconditionnellement : Louis XIV. Sa Majesté,

parrain de l'enfant, voit en effet dans la disparition tragique de l'enfant l'indice, peut-être la preuve d'une malédiction : et si Dieu, rappelant ce petit être promis à grand destin, lui adressait, à lui, roi de droit divin, le signe fatidique que Molière portait la poisse ? Cette pensée, aussi folle qu'elle soit, n'en finira jamais de hanter Louis XIV.

Depuis ce jour effroyable, Molière ne tourne plus rond, ne se ressemble plus. Il est terrassé. Ses silences effraient autant que ses jaillissements soudains et convenus de gaieté. Sur sa figure devenue masque on ne lit plus que l'effondrement. L'inexorable de la chute. Plus grave que l'échec, il a croisé la mort. Elle a jeté un regard sur lui après l'avoir posé sur son enfant et le lui avoir volé. On continue de jouer ses pièces mais sa joie, sa passion, sa folie aussi sont mortes. John Fitzgerald Kennedy n'est-il pas mort après le décès de son fils Patrick ? La même malédiction paternelle ne l'a-t-elle pas frappé ? Sur lui aussi désormais la mort ne cessera de porter son regard. Jusqu'au jour où.

La reprise de *La Princesse d'Élide* au Palais-Royal n'y changera rien. Molière laisse à La

Grange, l'ami fidèle, comédien magnifique, subtil et sobre, le soin de chauffer la salle. Ce qu'il réussit avec élégance et manière, là où Molière argumentait plus franc du collier, plus peuple. La Grange impose un ton, un parler, une classe qui fait théâtre. Molière, soudain envieux, enrage. Une autre part de lui s'éteint : son lien privilégié avec le public. Il ne le renouera plus jamais. Après la mauvaise œillade de la mort, le regard du public aussi change : d'admiratif et complice, il devient exigeant, accablant.

Molière serait-il sur le point d'être effacé ? Ringardisé ? On le dit, on le murmure. D'aucuns en rêvent. De fait, jamais il ne retrouvera l'évidence inouïe de sa relation presque familiale avec le public. Comme si l'homme devait maintenant céder la place au comédien, à Sganarelle et aux autres. Quant au rôle de sa vie, on veut bien qu'il continue à le jouer, à sa guise, mais en privé. Ce 10 novembre 1664, ce n'est pas seulement son fils qui meurt mais tout ce qu'il a mis des années à tisser, sa relation privilégiée avec ses deux plus grands admirateurs : la Cour et la Salle. Le Roi et le Public.

Va-t-il renoncer ? Se laisser abattre ? Entériner les échecs et cultiver son jardin ? Vous voulez rire ! Molière inconsolable, assurément, mais pas du genre à s'apitoyer sur lui-même. Laissez-lui un peu de temps. Le temps de vivre la dépression, l'écroulement, cette sensation d'une époque, d'un monde qui s'effondrent. Ça aussi, c'est la vie : on commence par se fracasser le crâne contre les épreuves et on en sort plus aguerri, plus ambitieux que jamais. D'accord, nous ne sommes que des femmes et des hommes ; d'accord, nul ne peut exiger, ni même attendre de nous aucune perfection d'aucune sorte. La perfection, c'est le rond. Clos. Parfait. Mais c'est aussi le zéro. Le vide absolu. Alors que le triangle mari/femme/amant ou le carré avec les emmerdements dans les angles ou les autres qui s'y terrent, c'est l'imparfait, donc la vie. La bataille. Mais il y a deux sortes d'êtres pour conduire ce combat : ceux qui se laissent entraîner par le destin comme la pirogue au fil de l'eau, et ceux qui bandent leurs muscles pour partir à l'assaut des vagues en haute mer. Molière est de ceux-là et ne tardera pas à le montrer. Il va aller puiser dans sa passion, retrouvée jure-t-il, et s'acharner au travail, de jour, de nuit. Avec le mal chiant au dos, les épaules trempées de sueur puante, les mains imbibées d'encre, le manque de sommeil, le visage qui blanchit. La peau qui tire ou démange. Entre rots et vomis.

Se battre encore, toujours. C'est tout ce qui lui reste. Ce qui le tient, aussi.

Ne jamais se soumettre. Ne jamais s'incliner. Ni devant le sort, ni devant l'ennemi. Ces deux carnassiers. Ne plus geindre, ne plus incriminer : agir.

Moliériser !

Tout ce que Molière écrit, joue, fait, produit, crée, invente, imagine, n'est pourtant pas toujours et à ce point génial. Il n'est pas une machine. Pas une usine à succès. Lui aussi a ses œuvrettes, ces petites choses de rien du tout que l'on fait avec un peu d'indolence, sans grande conviction, et qui permettent juste d'exister encore un peu. De maintenir le navire de la Troupe à flot. Rien de plus agaçant, de plus benêt que ces hagiographes qui, pensant sans doute lui rendre service, trouvent à Molière du génie en tout. C'est pourtant en n'ayant pas peur de dire que ses œuvrettes sont de la bouillie, de la joliesse fardée, poussive et flagorneuse, qu'on dira mieux encore ce que sont ses vrais chefs-d'œuvre.

Prenez *Mélicerte*, créée en 1666, deux ans après la mort de son enfant. Ce n'est ni rien ni peu de chose : juste pas grand-chose. Un amuse-gueule, tout au mieux. Mais qui n'ouvre pas l'appétit, et qui aurait même plutôt tendance à le couper. Ballet, pastorale, masques et chapeaux à plume : fabriquer du sirop et le faire dégouliner à profusion, Poquelin sait y faire et scribouille. Et Molière enrage, car le comédien n'a pas grand-chose à se mettre sous la dent. Alors il donne le change. Sans être dupe. Il suffit pour lui de ne prendre aucun risque. De s'en tenir au désuet. La pièce a beau se prévaloir du titre pompeux de comédie pastorale héroïque, c'est écrit avec le coude et Molière torche du vent. Même élevées à un parfum de rose et de rosée, les amours de Mélicerte et de Myrtil ne laissent ni traces ni auréoles. Les draps restent immaculés, les censeurs satisfaits se marrent et Molière se discrédite. À la grande joie des frères Corneille. Racine, lui, ne s'intéresse déjà plus qu'à lui-même. Il a de quoi faire.

Et quand ça ne veut pas, ça ne veut pas : voilà que Molière remet le couvert avec *Le Sicilien ou l'Amour peintre*. Du grand n'importe quoi ! Musique, chants, danses, courbettes et simagrées. Comme c'est divertissant ! s'ébaubissent les emplumés à culs serrés. S'il n'était signé Molière, cet étron insignifiant tomberait à jamais dans les commodités de l'oubli. Quelle foutaise que cette piécette ! Et qu'il est désolant de voir le public en redemander ! Molière se vautre dans le vulgaire, l'esbroufe, le spectacle, oubliant le fond, il tabarinise et va jusqu'à s'en gausser. Ce ne sont plus seulement ses défauts que l'on voit, mais ses travers. Si bien qu'on peut légitimement se poser la question : est-ce encore du théâtre ?
Est-ce encore Molière ?

Et je ne parle même pas de *Monsieur de Pourceaugnac*. Rendons hommage aux bateleurs du Pont-Neuf, puisqu'on évoquait le plus célèbre d'entre eux, et usons de leur expression favorite : là, Molière a vraiment chié la merde. Tout semble réussi ? Rien ne l'est. Toujours les mêmes intermèdes, les mêmes masques, les mêmes sérénades. Évidemment on le couronne de succès, on le couvre d'or. Et on le bisse à Chambord, et on le reprend à Paris : la Cour est satisfaite. Triomphe un jour, triomphe toujours ! Mais en sa chair, mais en son âme, Molière sait bien que c'est un échec. Pire, une fuite. Qu'il s'est englué dans la tentation du navet. Que c'est aussi insignifiant que le tube de l'été. Mozart se lançant dans la variétoche ! Tout ce que Molière ressuscité réussira dans *Le Bourgeois gentilhomme*, et avec quel génie, est ici raté, mou, mielleux, confus et convenu. Il a perdu son âme, sa jeunesse, son insouciance, son impertinence. Molière se caricaturant lui-même, c'est bien le comble. Car la vérité c'est que, sous son bel et sonnant et trébuchant apparat, l'œuvre est creuse. La somptuosité ne suffit jamais à masquer la vacuité : Molière s'est disneylandisé.

Comment alors avouer à sa Troupe embarrassée et en danger qu'il prépare déjà *Les Amants magnifiques*, autre guimauve saturée de glucose, fanfreluches et colifichets compris ? Interminable calvaire d'un Molière en quête de son ombre. Quand va-t-il enfin se mettre à suer pour de bon et foutre toute cette dentelle de précieux ridicule au panier ? Bouter ces roucoulades ? Arrêter de nous prendre pour des pigeons ?

Bien sûr il est intuitif. Il ne lui échappe pas que tout cela est indigne. D'ailleurs il commence à cracher sa bile à qui mieux mieux, c'est bon signe. Il ne sait pas que ses années sont comptées, mais il sent son œuvre s'impatienter et exiger beaucoup plus de lui. À commencer par tirer une croix sur ces œufs-œuvres pourris ! Car à multiplier les échecs, ou les succès de pacotille, ce qui revient au même, c'est l'aîné des Corneille qui se frotte les mains, et c'est Racine qui exulte. Serait-ce la fin ? Au contraire. Cette même année 1666 va voir naître l'inespéré sursaut, le chef-d'œuvre des chefs-d'œuvre. La plus grande pièce du répertoire français. La seule qui, là-haut, puisse faire rougir Shakespeare : *Le Misanthrope*. Preuve que repose toujours dans l'échec matière à nous rendre plus forts, et qu'il faut le voir seulement comme le détonateur de la réussite. De la même manière qu'on ne peut vivre en dehors de la perspective de la mort, que le flux et le reflux permettent de nettoyer les océans, qu'il ne saurait y avoir de jour sans nuit. Ne pas entendre cette idée, c'est s'abonner et même s'abandonner au découragement perpétuel. L'échec ne sert qu'à une chose : à nous donner la force de ne pas le reproduire. Et en nous transmettant cette force, il nous offre la clé. Pour peu que nous ayons la volonté de comprendre ce qui s'est passé.

Soyons convaincus de cela : il y a plus à puiser dans nos échecs que dans nos réussites. Nous échouons parfois parce que nous avons été trop ambitieux, ce qui est une belle qualité ; et nous réussissons parfois parce que nous avons eu de la chance, parce que ça s'est trouvé ainsi, mais nous aurions tout aussi bien pu échouer. C'est toute la difficulté de ceux qui connaissent la réussite : comment continuer à en jouir, comment rester là-haut ? Et c'est toute la chance de ceux qui rencontrent l'échec : ils savent que, quand ils réussiront, ce sera plus éclatant encore.

Notre société est devenue impitoyable. Toutes les sociétés l'ont été, mais la nôtre prétendait ne plus l'être. Voyez comme nous jouissons de pouvoir tourner en ridicule telle personnalité au moindre faux pas, à la moindre erreur. Avec quelle frénésie nous filmons ou photographions les people et tweetons nos petits chefs-d'œuvre nihilistes sans la moindre vergogne. Tout en nous offusquant de vivre dans un monde hypersurveillé, mais il est vrai que nous ne sommes plus à une contradiction, à une lâcheté, à une compromission près. Voyez comme nous sommes durs, dégradants, humiliants avec tel artiste qui, une fois, une seule, aurait déçu. Comme si nous-mêmes étions parfaits, sublimes, exceptionnels. Comme si nous réussissions tout ce que nous entreprenions. Que nous avions le don de transformer la moindre crotte en lingot. Comme si notre propre vie n'était que pur diamant. Écoutez-les, ces millions de citoyens qui viennent dégueuler leurs humeurs sur ces mal nommés forums et autres réseaux dont on se demande bien ce qu'ils ont de sociaux. Les *je* du cirque d'aujourd'hui sont devenus des jeux de massacre. Voyez comme ils vident la démocratie de sa plus belle substance, voyez comme ils en avilissent l'esprit autant que la lettre. Écoutez-les, ces experts multicartes, ces faux critiques estampillés qui ont le culot de venir expliquer leur art aux artistes et flinguent une pièce, un film, un livre, pour le seul plaisir du bon mot et se faire dorer la couenne dans les dîners en ville. Écoutez-les, ces comiques éculés qui éructent leurs petites opinions purgées de toute sensibilité, de toute personnalité, tellement prémâchées qu'elles n'ont plus ni odeur ni saveur, et qui viennent expliquer aux petites gens ce qu'ils leur reprochent de ne pas penser. Ils ignorent tout, ces rieurs parasites, ces pédants cyniques, de ce qui se joue d'humeurs et de sang chez celui qui a fait de sa vie un acte de passion, qui vit avec l'intensité, la drôlerie et la gravité d'un être fragile qui, au moins, se sait mortel. Et qui a peur. Ils vivent, ceux-là, ces friqués pur jus, sur une autre planète. Une planète qui n'aurait plus grand-chose d'humain, digne d'Orwell, de sa novlangue et de ses fantasmes totalitaires. D'un nouvel ordre fanatique. Une planète où seraient mis au rebut, foutus à la poubelle et pourquoi pas dans un charnier ceux qui osent faire quelque chose de leur vie. Quand eux, ces nuls, ne font que s'esclaffer de celle des autres sans jamais se salir les mains. Sans jamais courir le moindre risque du moindre échec. Rapaces et hyènes.

Ils font mine de ne pas le savoir, mais l'échec est consubstantiel à la vie. Ce dont nous faisons à chaque instant la douloureuse expérience. Chaque jour nous sommes un peu décevants. Ou pas à la hauteur. Nous n'avons pas toujours la force, la vivacité, la curiosité, l'intelligence même de voir, comprendre ou sentir ce que nous devrions être et surtout faire. Nous sommes trop souvent comme des poissons en aquarium : sans espoir d'en sortir. C'est parce qu'il y a de l'adversité, parce que nous sommes chaque jour mis à l'épreuve que nous sommes contraints de trancher ce dilemme : nous battre ou dépérir. Même si la réussite n'est pas toujours au bout. Tant pis, même, si elle n'est pas au bout.

Prenez l'amour, qui occupe une telle place dans la vie de Molière. Ses personnages ratent toujours tout parce qu'ils ne comprennent jamais que l'amour ne dure que s'il se projette dans l'avenir. Or, dès le départ, aucun d'eux n'a d'avenir. Leur vie est derrière eux, ils l'ont laissée filer. Comme Molière lui-même qui, tel un pêcheur rejetant sa prise à la mer, aura laissé filer Marquise. L'erreur de sa vie. Sa perte. Mais sans cela, aurait-il laissé une telle œuvre ?

Nul ne peut se targuer de tout réussir. Dieu, ou ce qu'on appelle Dieu non plus. Nous sommes le plus souvent communs, quelconques. En dessous de tout. En dessous de nos espérances. C'est pourquoi l'exemple de Molière doit être compris comme un formidable encouragement : si Molière, ce parfait génie, mais Poquelin, cet homme imparfait, avait ses faiblesses, ses limites, ses coups de mou, pourquoi aurions-nous peur des nôtres ? Personne n'a pour mission de se forger une destinée aussi exceptionnelle. Mais donnons-nous au moins les moyens d'essayer, faisons croître et monter cette ambition en nous. Car c'est en nous, pas dans les circonstances, pas dans le monde tel qu'il va ou ne va pas, que nous trouverons l'étincelle. Ne gâchons pas notre chance, la seule sans doute. Molière n'est qu'un guide sur notre chemin de vie : pas un homme à égaler, un exemple à suivre.

Si, tout jeune encore, il a connu le succès, puis si, devenu homme mûr, chef de troupe, cocu compréhensif, comédien convulsif, auteur comblé, il a tutoyé la réussite, ce succès dont on ne redescend pas, si enfin il a épousé la gloire et la postérité, c'est parce qu'il aura su cultiver ses défaites. De toutes les leçons de vie qu'il nous laisse, c'est l'une des plus hautes. À nous, donc, de comprendre que la plupart de nos échecs sont en nous, proviennent de nous, nous qui les rendons possibles et même probables. Nous et notre apathie. Nous et nos renoncements. À nous de décider qu'aucun échec ne suffira plus jamais à entamer nos désirs. De le jurer. Et de nous y tenir.

5
COMBATTRE LES RÈGLES

Allons-nous continuer encore longtemps à les écouter, ces coursiers de la soumission qui nous affirment qu'on ne pourra jamais rien changer? Que le monde est ainsi fait? Qu'il faut prendre le réel tel qu'il est et apprendre à y faire son petit nid? Qu'on ne peut en changer les règles parce que le bel édifice risquerait de s'effondrer? Foutaises!

Ils sont de toute éternité, ces oiseaux de malheur, ces fossoyeurs de l'humanité à qui ce monde grimaçant convient parfaitement. Et on les comprend : pourquoi voudraient-ils en changer, puisqu'ils en sont les maîtres, possesseurs et fossoyeurs? Ces croque-morts enterrent l'espérance d'un meilleur. Alors déterrons-le sans tarder, ce meilleur qu'ils ont jeté à la fosse commune de nos illusions. Et qu'il renaisse à leurs dépens.

Leur monde est celui de ces adorateurs du diable qui, masqués en Dieu ou en diable, violent, brûlent, assassinent à tour de bras. Ce monde de territoires étriqués, bornés, repus de leurs petits orgueils nationaux, repliés sur leurs poulaillers. Celui de ces communicants qui nous pompent le cerveau jusqu'à ce qu'il en coule du jus de fric. La culture, cette banquise qui fond où les artistes ours y meurent. Les livres qu'on brûle, toute cette beauté qu'on viole. La culture siliconée en marketing et l'art dégradé en business. La terre qui s'épuise et le ciel qui s'obscurcit.

Ne manquent que les miradors. Cela ne saurait tarder. Joli monde, en effet.

Hitler toujours présent, dans l'ombre ?

Qu'est-ce qui, à un moment de leur vie, conduit certains à renverser la table ? À prendre la main que personne ne leur tend ? À s'imposer là où personne ne les invite ?

Si Molière ne s'était pas écarté des sentiers rebattus, s'il n'avait été à l'école buissonnière et n'avait vagabondé sur des chemins truffés de chausse-trapes, on n'en parlerait même pas. L'Académie, qui l'avait humilié puis renié, l'aurait effacé à tout jamais. Il serait resté un Poquelin de gouttière. On aurait imprimé son effigie sur des sweat-shirts, des casquettes ou des baskets chinoises, on aurait mis son nom sur des bagnoles, la Molière après la Picasso, et imprimé sa tronche sur des mugs : on l'aurait cheguevarisé.

Comment décide-t-on de se dédoubler l'âme ? Comment passe-t-on de l'un à l'autre ? De Poquelin à Molière ? De ce que nous sommes à ce que nous pourrions devenir ? Vous ne me ferez pas croire que vous-même n'en avez pas marre. Que vous n'avez jamais éprouvé l'envie de tout bazarder. Fût-ce pour le plaisir de tout foutre en l'air. Sans calcul, sans esprit de suite, sans songer aux conséquences : juste pour en finir avec ce qui vous use, vous cadenasse, vous tue. De donner libre cours à l'adolescent survolté, généreux, idéaliste et irréaliste qui survit en vous. C'est humain. Même si c'est vain, nous le savons bien. Mais il ne faut pas chercher à éteindre ce feu en nous : il faut seulement éviter qu'il se déclare. Tisonner les braises et souffler dessus dès que la douceur

107

nous assoupit. Nous maintenir à bonne température, chauds bouillants ! Ne pas refroidir ce que l'on sent brûler en soi : l'envie d'inventer, l'audace de bousculer les protocoles, l'insolence de tourner le dos à quelques règles, même les plus solidement établies. Pour qu'enfin nous cessions de rien faire qui ne nous ressemble pas.

Molière n'appelle pas à la révolution : il invite à notre renaissance. À notre résurrection.

Je suis las de rencontrer autant de gens qui meurent de n'avoir plus aucune ambition, plus aucun horizon devant eux. Il n'est pas question ici d'espoir politique ou d'espérance religieuse. Soyons stendhaliens, égocentrés : il s'agit d'être et de rester soi. De ne rien devoir à personne, de ne s'en remettre qu'à soi et d'en assumer la responsabilité. Rien que soi, pour soi. Cessons de dire nous, de proclamer vous, de suivre ils. Disons je. Ensuite, il faudra agir. Pour soi d'abord. Avant d'agir pour les autres, qu'on n'oubliera pas bien sûr. Nul ne peut régler les comptes d'autrui avant d'avoir su régler les siens propres. Plus jamais les mains croisées. Ou mortes en poche. Empoignons tout, au contraire.

Je suis accablé de savoir qu'il existe encore tant d'humains abandonnés ou résignés à leur sort, à leur routine, qui n'ont pas même le souvenir d'avoir attendu autre chose de la vie avant qu'elle ne les bouffe ou qu'ils ne se laissent bouffer par elle. Tout cela me glace profondément. Nous nous persuadons souvent que cela ne tient pas à grand-chose, un hasard, une rencontre, un déclic. Un amour. Autant attendre le Sauveur ! Mais comme rien ne nous assure qu'il viendra, hormis cette naïveté qui nous illumine mais nous aveugle aussi, alors commençons par faire le boulot nous-mêmes.

Ressuscitons l'enfant que nous étions, qui posait sur le monde des questions pures mais tranchantes, tous ces pourquoi auxquels les adultes ne répondent jamais, qui préfèrent vivre dans le flou et se raconter que tout est beau. Qu'il suffit de repeindre le monde en rose pour qu'il le soit. Qu'il suffit, en réalité, de s'aveugler. Ressuscitons cet enfant qui se projetait dans un avenir sans limites et proclamait la main sur le cœur que plus tard il serait footballeur, cosmonaute, président de la République, savant, médecin du monde, inventeur, explorateur et pourquoi pas artiste.

C'est lui qui doit être notre porte-voix, pas le vieillard que nous sommes devenus, pas l'honnête citoyen, l'employé modèle ou le bon père de famille que nous croyons être. Que nous jouons à paraître.

Que nous dit-il, cet enfant que nous nous acharnons à nier en nous ?
Ne baisse pas la tête, ne t'excuse jamais d'être ce que tu es.
Ne renie pas ta jeunesse, n'étouffe jamais tes émotions.
Cesse de critiquer les autres : fais mieux qu'eux.
Cesse de convoiter ce que tu n'as pas : donne-toi les moyens de le posséder.
Ne refuse pas le malheur : affronte-le et profites-en pour t'aguerrir.
Ne contourne pas la difficulté : prends plaisir à la résoudre.
N'attends rien des autres : ils finiront par te suivre !

À ces conditions, une vie meilleure et plus digne nous attend. Plus exaltée, moins mortifère. Mais encore faut-il que nous la considérions d'un autre œil et que nous cessions de geindre sur le temps qui passe, de râler contre les bouchons sur les routes, sur les caprices de la météo, sur telle soirée télé bidon ou sur la tire du voisin qui bloque la sortie du parking. Encore faut-il que nous nous désintoxiquions de ces éternelles formes d'opium que sont le miroir aux alouettes publicitaire, l'info bla-bla hypnotique en continu, les talk-shows cousus de fil blanc, la politique ou ce qu'il en reste. Encore faut-il aussi que ce monde offre autre chose que du boulot boulon au Smic et de la survie au RSA, que l'exclusion sociale et la relégation urbaine. Mais si nous ne sommes pas nous-mêmes foutus de lever notre cul du canapé-télé ou du lit-baise, alors cessons d'incriminer la terre entière. Car cette complaisance envers nous-mêmes, cet apitoiement ne font que conforter notre inaptitude à l'action et notre impuissance au bonheur. Nous maintenons l'énergie prisonnière en nous. Comme si, plutôt que de la laisser jaillir, nous appuyions consciencieusement dessus pour la noyer, comme un petit chat qui supplierait de vivre. Pire encore : comme si nous y prenions plaisir.

Nous irons nous plaindre, après, comme des pisse-froid, que rien ne bouge, que le monde est injuste, dégueulasse et cruel. Mais comment ne le serait-il pas si, chacun à notre niveau, nous ne conduisons pas nos propres révolutions ? Si nous ne changeons pas les règles absurdes, ineptes et dépassées qui régissent nos vies ?

Poquelin les a transgressées, lui, les règles. Ne serait-ce qu'étudiant, lorsqu'il traduisit *De natura rerum*, l'interminable et plombant poème de Lucrèce. Non sans témérité, vu la défiance dans laquelle on tenait alors l'épicurisme. Car Molière n'est pas seulement un pitre à moustaches, un ersatz des comiques italiens ou un éternel Sganarelle, son Charlot à lui, inlassablement peint les bras entrouverts, limite obséquieux, sourire niais et regard vide. À ce que je sache, Gérard Depardieu n'est pas Obélix, Sean Connery n'est pas James Bond, Peter O'Toole le colonel Lawrence, ni John Wayne Davy Crockett ! Bref, si la traduction en vers du grand poète latin était un exercice de virtuosité fort prisé, Poquelin eut tôt fait d'en avoir sa claque. Alors il coucha les vers en prose, et ce fut le déclic. La naissance d'un style. Bientôt, Poquelin changera de peau et deviendra Molière. Et quand il se mettra à écrire pour le théâtre, ce sera d'une vérité saisissante. Molière est un chef, pas un larbin. Il refuse de suivre la masse. Contrairement à tous les médiocres comédiens de son temps, qu'il vomit parce que eux-mêmes vomissent leur texte en gueulant et en déclamant. Il ordonne donc aux siens de ne plus jamais déclamer leur texte avec la pompe rituelle : il leur suffira de vivre. Et à loisir, autant qu'ils voudront. Y glisser des plages de silence. Des bouffées d'émotion, des pouffées, à votre bon cœur. D'insuffler le naturel. Du Molière ! Il donne ses lettres de noblesse à la langue française et au parler de la rue. Moïse du théâtre, il ouvre au peuple la mer Rouge des sentiments, d'où naîtront ses héros. Si ça, ce n'est pas changer les règles ! Enfin la vie trouve sa place au théâtre.

La grande erreur des prétendus spécialistes, moliéristes lisses et tristes, c'est qu'ils écrivent, sans esprit mais avec une honnêteté indiscutable, des pages truffées d'annotations savantes en tenant des raisonnements sur un

Molière qui n'a jamais existé. Car leur Molière à eux, c'est Poquelin. Le terrien, le raisonnable, le sage, le cocu terne, le gentil Poquelin, l'écrivain. Il en porte le masque, c'est vrai, mais il n'est en rien Molière. Le vrai Molière, celui qu'ils regardent de haut, c'est le foutraque, le dingue, l'insaisissable, l'emporté, le comédien. Celui qui, on l'a dit, sue, pue, s'emporte, vomit, chie, pisse et postillonne. Il faut dire que, pour ces grands esprits, tout acteur est en réalité un con : le génie ne saurait être l'apanage que du seul auteur dramatique. Un bateleur, un bouffon, un pitre, un acteur ne saurait égaler un encreur. Raimu n'est pas Shakespeare ! Poquelin, l'incomparable esprit, *versus* Molière, le négligeable comique. Snobisme ordinaire de l'intellectuel. Immémoriale naïveté des petits-maîtres de plume qui célèbrent la légende au lieu de creuser l'homme et de le mettre à nu. Que d'erreurs ils commettent, ces pontifes unanimes. Quel mépris ! Et quel aveuglement, surtout, quand on sait que c'est sur scène que Molière va révolutionner le théâtre. Et pas seulement le théâtre : la France.

L'idée qu'on se fait de l'esprit français, auquel Molière va donner ses lettres de noblesse et un certain courage politique, cette idée-là va voler en éclats. Molière, c'est le Robespierre du théâtre. Mais un Robespierre au service de l'homme : qui n'a pas pour ambition de lui couper la tête, mais de l'inviter à réfléchir et à rire. Une révolution intérieure, en somme.

Combien renferment un talent qu'ils n'ont jamais cultivé ? Parce que la vie les en a empêchés, que leurs parents ont été absents, indifférents ou violents. Que l'école les a découragés, sclérosés, tétanisés. Par manque de confiance en eux. Par flemme, manque de temps, de rigueur ou de travail. Ou peut-être par manque de rêves. Parce que l'ordinaire de la vie les accule. Poquelin-Molière, cet homme à deux têtes, ce monstre, n'est pas d'origine divine. Il est comme nous, fait de chair et de sang, de vilaines histoires de famille et de fric, enfant de la chance et de l'infortune, aimant et repoussé, désirant et frustré. Mais il s'accroche, lui, à ses rêves. Et à cette obsession : devenir ce qu'il est. Or on ne devient pas ce que l'on est sans renverser la table, sans révéler la tromperie de tout ce qui se dit indiscutable, intangible et sacré.

115

Sans inventer un monde. Car oui, la France peut s'honorer, avec Molière, d'avoir inventé un autre monde. Peuplé de ses héros et de ses caricatures. Mais, et c'est bien plus décisif encore : de sa morale et de ses rires.

Lorsqu'il crée *La Princesse d'Élide*, Molière a la tête ailleurs. Au *Misanthrope*, qu'il n'arrive pas à coudre comme il le voudrait, et à la querelle du *Tartuffe*, pour lequel, du coup, il ne cesse d'avoir à en découdre… Toujours est-il qu'il se heurte à un mur : il ne parvient pas à marier musique et théâtre, danse et tirades, cabrioles et reparties. Il n'a pas encore la clé, et pour cause : le verrou ne cédera qu'avec *Le Bourgeois gentilhomme*. Là, enfin, il bouscule. Là, il malmène les routines. Là, il fait courir un grand frisson dans l'esprit mesquin des dignitaires. Ce n'est plus de l'opéra, ce n'est plus du théâtre : c'est déjà de la comédie musicale. Enfin il a percé le secret : le rythme. Qui doit s'arrimer à l'action. La musique doit embellir, insuffler, magnifier, mythifier, sublimer l'intrigue. Toute l'origine de sa guerre avec Lully, son Iago, se trouve là : pour Molière la musique est une crème onctueuse qui doit ouvrir l'appétit, donner goût à la dramaturgie et au texte, rehausser la tension d'épices savamment sélectionnées. Lully, lui, ne veut pas d'accompagnement, pas de sauce. La musique n'a pas à se mettre au service du texte, c'est au texte de la servir. Trois siècles plus tard, Nino Rota se satisfera largement, avec Fellini qu'il magnifiera dans *La Dolce Vita* ou avec Coppola qu'il sublimera dans *Le Parrain*, de ce que la musique de film allait réussir. Pas Lully, qui n'avait pas cette humilité, et qui, loin d'accompagner Molière, n'avait en tête que de l'écraser.

On ne réinvente pas la vie, ou le théâtre, c'est pareil, sans emmerder son monde. Quelle que soit notre vocation, si nous avons une idée formidable, nous serons obligés de tanner la terre entière pour la faire admettre. Pour faire bouger les choses, pas d'autre choix que de s'imposer. N'ayons pas peur d'être subversifs. De prendre la société à rebrousse-poil et l'époque à contre-pied. Pour changer les règles, il faut accepter de s'extraire du sens commun, de la convenance, du sentiment d'évidence, s'extirper de la masse. Il faut croire et n'écouter que soi. Si quelque chose nous tient à cœur, tout faire pour le réaliser. Si un désir nous anime, tout faire pour aller au bout. Sans se préoccuper de ce qu'on en pensera, de ce qu'on en dira, sans se soucier des jugements dont l'air du temps est friand, de ces raisonneurs qui nous dissuadent toujours de tout, de ces tartuffes qui voudraient tout affadir, tout normaliser, tout standardiser, et tous les autres lâches qu'inquiètent toujours l'audace, l'initiative et la liberté. On ne déplace pas des montagnes en suivant un guide ni en montant sur un âne, mais en écoutant son instinct, son désir et sa propre volonté. En osant faire le pas de trop. Et, s'il le faut, de côté.

Dans *Dom Juan*, pour ne prendre que cet exemple, tout surprend et tout choque. Molière y fait pourtant bien plus que combattre les règles : il les nie. Aux oubliettes les conventions, au diable les trois unités ! Il est tellement plus fécond de tout faire voler en éclats.
Éclats de rire, avec Sganarelle et sa troupe. Éclats de langue, par la grâce d'une prose aux couleurs nobles et patoisées, ce parler qui file

droit au cœur, se fait caustique, grince, agressif ou bouleversant. Éclats de courage, surtout. Mais plus qu'à la Cour, plus qu'à la religion, c'est aux hommes que cette fois Molière s'en prend. Ce n'est plus ce brave Sganarelle qui fait preuve de bon sens et d'humanisme, c'est Dom Juan, l'odieux provocateur, le libertin criminel, le séducteur impénitent! Lui, l'athée qu'il faudra bien foudroyer, a des éclairs de génie. Cœur glacé, esprit bouillonnant. Lui le criminel, le violeur, le monstre impuni qui pérore. Lui dont la philosophie, à défaut d'être morale, élève au-dessus du vice. Molière ne se contente pas de changer les règles de la dramaturgie, il anéantit celles qui président aux bonnes mœurs. La pièce sera déprogrammée après quelques représentations, comme de bien entendu. Et censurée pendant deux siècles. La postérité, elle, lui rendra justice.

1668. Trois ans plus tard, Molière met tout le monde K-O avec *Amphitryon*. Une langue toujours plus libre, plus folle et souveraine. Et réussit ce coup de maître : rendre passionnantes les coucheries des dieux. Comment ? En faisant exactement le contraire de ceux qui fouillent et farfouillent dans les poubelles du passé. Ce ne sont pas les héros d'hier qu'il projette jusqu'à nous, c'est nous qu'il projette en eux. Nous qui parlons, pas eux. Au point qu'on croirait ces vieilles figures tout droit sorties du faubourg du Temple ou de la foire Saint-Germain. Retour aux siècles passés, donc, mais avec la sensation d'y être. Qui, aujourd'hui, est capable d'un tel prodige ? Changer les règles, en l'espèce, ça veut dire : être capable d'imaginer un autre temps, d'édifier d'autres mœurs, d'inventer sa propre langue.

Six mois ont passé que déjà il présente *Georges Dandin*, réquisitoire féroce contre ces paysans parvenus qui pensent que tout s'achète, à commencer par l'amour. Mais l'interprétation du personnage-titre par Molière lui-même va totalement faire dévier Poquelin de son dessein originel. C'est ainsi qu'on change la donne : pas en se demandant, plume en main et dictionnaire ouvert, ce que l'on pourrait faire, mais en le faisant. En expérimentant et en osant. Cette leçon vaut pour nous : ayons le goût de l'exploration, du risque, de la nouveauté. N'attendons pas qu'on nous fabrique des désirs : créons-les ! Ou plutôt, allons les déterrer au fond de nos tripes, puisqu'ils y croupissent. N'ayons pas peur. Il ne s'agit pas d'inventer la vie, seulement de réinventer la nôtre.

Ce qui ne se peut sans une remise en cause radicale de nos manières de penser et de voir, de rire et de vivre, sans que soient changées ces règles apprises depuis l'enfance ou transmises de génération en génération, auxquelles nous nous soumettons sans y penser, machinalement, par habitude, tradition, docilité ou aveuglement. Avec *Georges Dandin*, Molière jette aux orties tout ce que le jeu théâtral conservait de rigidités et de règles, pour la plupart tellement anciennes que personne ne songeait plus à les discuter. Lui achève de les périmer. Il ne se contente plus de tirader : il injecte du chaos dans ses tirades. De la chair et des humeurs.

Il déborde de tout le désarroi du cocu, poussant son personnage aux extrêmes limites de la détresse. On rit, oui, mais on s'émeut bien davantage. Car en offrant à Marquise un rôle cousu cœur, Molière veut croire qu'il pourrait la récupérer, dans toute la splendeur de ses trente-cinq ans, elle qui aura brocheté le triangle du siècle : Molière, Racine, Corneille. À elle de choisir le seul des trois qui la mérite ! Sublimée par Racine dans *Andromaque*, elle sait que Molière a saisi en elle la chienne sensuelle et sublime d'insolence. Il fait son cocu avant l'heure et la lettre : sous les traits d'Angélique, il veut faire jouer à Marquise le rôle d'Armande, sa propre femme. Poquelin a le culot, peut-être la cruauté, de sculpter un personnage de jeune épouse hypocrite et sadique qui magnifiera sa rivale. Perversité totale. C'est la Béjart pourtant qui endossera son propre personnage car, coup de théâtre, non seulement Marquise va perdre son rôle, mais aussi la vie. Et dans d'atroces douleurs. Avortement criminel ou empoisonnement, la question est toujours posée. Victime, dans les deux cas, d'un amant passionné. Racine, a-t-on murmuré à la Cour. La Marilyn de l'époque ayant disparu, Molière, tel Arthur Miller, ne s'en remettra jamais. Dommage : ce que Marquise, comédienne de génie, excitait en lui eût été autrement glorieux que tout le piteux et le convenu que lui inspirait Armande, laquelle fut seulement une actrice talentueuse.

En quête d'une nouvelle jeunesse, Molière se replonge dans le travail et se rappelle aux souvenirs du temps passé. Notamment des Italiens. Et, dans *Les Fourberies de Scapin*, va inventer un frère à Scaramouche. Le voilà qui hisse le valet de la commedia dell'arte du rôle de faire-valoir à celui d'artiste du savoir-faire. Dès lors Scapin n'est plus ce gentil valet traditionnel, rusé et retors, chiant à mourir et mille fois mis en scène, mais une araignée qui tisse sa toile avec méthode et fait de ses fourberies un art. Au feu, la marionnette bondissante, l'Arlequin de Palais-Royal, le guignol de service ! Place au jongleur de mots et de situations. Place au virtuose. Poquelin le peintre, comme on le surnomme, transgresse les règles.

Ne pensez pas que tout cela soit anodin ou mineur. Ça ne l'était pas. Polémiques, duels, mises en garde royales et admonestations cléricales en attestent. En tout cas, tous, nous pouvons en tirer une leçon : n'écoutons que nos intuitions, ne chérissons que nos désirs. Faisons-nous confiance. Rien de ce qui est au monde n'est immuable. Tout n'est jamais que mouvement, tout n'est jamais que devenir.

Si nous ne sommes pas convaincus de cela, alors nous ne pourrons jamais relever la tête. Seulement acquiescer et subir. Si tout était de toute éternité, alors nous n'aurions pas quitté notre statut de bête sauvage. Nous nous contenterions de peu, ce peu de viande, de pain et de jeux. Toute notre dignité, toute notre humanité vient de là : du fait que nous ne nous contentons jamais de ce que nous avons, que pousse en nous l'inextinguible désir de transcender nos existences, d'aller de l'avant, d'inventer encore et toujours. Aucune règle n'est jamais éternelle, de cela il ne faut jamais douter. C'est une hérésie, un scandale que d'essayer de nous faire croire le contraire. Ça frise le lavage de cerveau. À nous de ne jamais l'oublier, et de nous dresser contre.

Nous avons trop tendance à prendre pour des préceptes divins ce qui n'est que conventions. Pour des évidences ce qui n'est que constructions. Pour du marbre ce qui n'est que plastoc. Et ce qui nous pousse à raisonner de la sorte n'est pas même notre raison, mais la seule force de l'habitude. Rien de tel pour nous engourdir. Pour nous rendre dociles. Et castrés. N'ayons plus jamais peur de bousculer la moindre règle : elle ne nous paraît établie que parce qu'on nous a dit qu'elle l'était, et que nous avons eu la faiblesse de le croire.

Défions les hommes et plus encore leurs conventions. Leur conformisme. Toutes ces maigres consolations que confèrent nos petites morales. Cette manière que nous avons de nous agenouiller devant le réel. De voir du dur dans du mou. Défions ! Pas seulement pour le seul plaisir de retrouver notre dignité, mais pour progresser, inventer, perpétuer la vie dans ce monde qui nous ment.

6
EN DÉCOUDRE AVEC LES TYRANNIES

Nous avons tous affaire à la tyrannie. Tyrannie des parents, du conjoint, du professeur, de l'employeur, des médias, de l'argent, des religions, de l'État, des religions d'État. Tyrannie des petits chefs et des chefs de bande, des experts et des pontifiants, des possédants et des notables, des vaniteux et des avides. De notre naissance jusqu'à la fin de notre vie, interminable est la liste de ceux qui ont la main sur nous. Et qui parfois l'y portent. Leur puissance est colossale, il n'est pas un instant de notre vie que nous ne vivions sous leur menace, leur pouvoir est d'intimidation, et cela dure ainsi depuis des lustres. Nous nous y plions parce que tout est fait pour que nous n'ayons pas le choix.

Pire : tout est organisé de manière à ce que nous ne puissions qu'adhérer. Nous sommes piégés. Désarmés par les tyrans d'un monde qui maintient le peuple dans la précarité, quand ce n'est pas la plus noire des misères. Nous en venons à devoir accepter le pire pour seulement survivre. Nos besoins vitaux n'ont pas varié d'un iota depuis la naissance de l'homme : manger, boire, dormir, s'abriter, se protéger. Les maîtres le savent bien, qui veillent consciencieusement à ce que notre existence ne soit pas insupportable au point que germe en nous l'idée de tout foutre en l'air. Depuis toujours ils poursuivent le même but : faire de nous, au mieux de bons petits soldats, au pire d'authentiques esclaves.

Alors on se bat, on résiste. Chacun avec ses armes. Moi, je résiste avec Molière. Dont il ne faut jamais oublier qu'il est parvenu à être ce qu'il est, le dépositaire d'une gloire qui, trois siècles après sa mort, continue d'en faire le plus illustre des Français, sans jamais renier une once de sa liberté de parole. Tout en dénonçant haut et fort les postures et impostures des petits et grands obsédés du pouvoir.

Lorsque nous sommes confrontés à quelque chose qui nous heurte, nous révulse, nous scandalise, notre rébellion est instinctive, intime, viscérale. Pas de quoi s'enorgueillir : ce n'est que le signe de notre bonne santé mentale. Chez Molière, c'est un réflexe que d'aller défier tout pouvoir qui s'avérerait par trop démesuré ou corrompu. Sans doute est-ce pour cela que peu d'hommes ont attiré sur eux autant de haines. Et si encore il avait fini par céder... Mais voilà, pas le genre de la maison. Plutôt du genre à défier ses ennemis jusqu'au bout et à y trouver son bon plaisir. Il n'est d'ailleurs pas interdit de penser que, ce faisant, il recherchait l'issue fatale. Et après tout, si l'on ne va pas au bout de son combat et de soi-même, à quoi bon ? Comment, sinon, après nous, feraient nos enfants ? Car ce n'est pas seulement notre exemple dont ils auront besoin, mais nos actes. Pas seulement nos exhortations morales, mais nos faits d'armes. Couronnés de succès ou pas.

Molière séduisait le roi, qui lui-même séduisait Molière. La Cour, elle, s'en agaçait. Il faut dire qu'elle n'avait aucun mal à discerner son pouvoir de nuisance. Et Molière savait pertinemment que si la royauté suprême tolérait son mordant, si même elle pouvait en rire, c'était à la condition qu'il n'aille pas trop loin. Il s'exposait continûment à un retour du bâton : procès, campagnes de calomnie, déprogrammations, censures, chantages, guet-apens, traquenards. Mais rien ne l'arrêtait. Sa seule crainte était la désaffection du public.

La tyrannie trouve toujours une justification morale à sa partialité, son arbitraire et ses abus de pouvoir. La censure interdit ? C'est pour mieux préserver la jeunesse. La loi contraint ? C'est pour mieux vous protéger. La justice conduit l'homme en prison ? C'est pour mieux le réinsérer. La réalité bien sûr est tout autre : la tyrannie censure parce qu'elle est puritaine, elle surveille pour mieux punir, elle emprisonne pour mieux détruire.

L'art aussi a ses rois dictateurs et ses roitelets, ses sbires et ses gros bras. Ce n'est pas parce qu'on prône le Beau qu'on est beau soi-même, cela se saurait ! D'ailleurs on ne les compte plus, ceux qui courbettent au passage des maîtres de la culture bien-pensante.

Toujours prêts pour la cajolerie et champions de la course aux prébendes. Ceux-là sont sans âge. Sous couvert de morale, ces éternels collabos du pouvoir, tels des rats, sont porteurs de la peste du bon goût.

Prenez le sieur de Rochemont, qui diffama Molière en écrivant à son propos ce qu'hypocritement il baptisa *Observations*. Et voyez d'ailleurs comme les choses évoluent peu : hier aussi les mauvais livres faisaient les choux gras de la mauvaise presse. À quoi bon témoigner son admiration pour autrui, ne serait-ce que lui reconnaître un talent, une patte, quand il est tellement plus vendeur de salir ? Et tellement plus réjouissant, dans les dîners en ville, de dénigrer ? Sans vergogne et en toute impunité, Rochemont va ainsi ordonner à Sa Majesté, bras armé du pouvoir clérical, cette Compagnie du Saint-Sacrement devant laquelle même le roi doit plier genoux, d'en finir avec cet impie de Molière. Attendant du grand Louis qu'il confonde ce mécréant avant d'en appeler, excusez du peu, à un châtiment exemplaire. C'est qu'il n'est, ce Molière, qu'un chrétien parjure, un comédien bon à jeter à la fosse commune, un traître à sa foi répandant le poison funeste de l'athéisme, un esprit démoniaque qui finira par perdre le royaume à lui tout seul. Mazette, c'est prêter bien du pouvoir à un comédien, fût-il le plus glorieux !

Rochemont mit donc ses pas dans ceux du vertueux cardinal de Richelieu, tout à son obsession de traquer l'impureté et de retrancher des textes ce qui offusquait ses chastes oreilles. À croire qu'il n'avait jamais entendu parler de Rabelais. L'hypocrite cardinal aux mains de sang se fit ainsi complice d'une France qui, non contente de rentrer les épaules sous le joug religieux, décapitait, pendait, crucifiait, violait, brûlait, obsédée par le massacre des protestants. Ce sont là les armes ordinaires des fous de Dieu, toutes époques confondues. Mais Rochemont est aujourd'hui bien oublié, et Molière a triomphé : la sentence de l'histoire fut heureuse.

Reste qu'on ne peut accuser le seul Rochemont de tous les maux : des professeurs de vertu, on en trouve toujours à la pelle. L'abbé Roullé, autre exemple, pour qui Molière est un démon vêtu de chair et habillé en homme. Son propos glace autant qu'il édifie : Molière, affirme-t-il, a assez d'impiété et d'abomination pour faire sortir de son esprit diabolique une pièce telle que *Tartuffe*, qui tourne l'Église en dérision. Il mérite donc, pour cet attentat sacrilège et impie, un dernier supplice exemplaire et public : le feu même ! Le feu avant-coureur de celui de l'enfer, où il expiera son crime de lèse-majesté. Louis XIV, courageusement, n'en fera rien. Mais il lui faudra pourtant interdire la pièce. Pour un temps au moins. Suggérant tout de même et instamment à Molière de la corriger. Nous étions bien en France, oui, sous un pouvoir royal étranglé par un pouvoir religieux en bien des points semblable à celui de ceux qui, aujourd'hui, s'enorgueillissent d'être de nouveaux guides, les nouveaux duces et autres führers. S'il était notre contemporain, il ne fait aucun doute que Molière n'échapperait pas à leur terreur. Comme il n'y échappa pas, chez nous, à cette époque où l'égalité, la fraternité et la liberté républicaines n'avaient pas droit de cité.

Le problème de Molière est que non seulement il s'attaque aux vices de son siècle, mais aussi au siècle du vice. Or, de son temps, le vice n'a qu'un visage : celui de la dictature religieuse, dont les mille et un tentacules asphyxient tout ce qu'ils touchent. Jusqu'à la Cour, jusqu'au roi. Lequel ne parviendra jamais à maîtriser cette mafia de la foi, censément spirituelle et concrètement criminelle. On ne comprend pas grand-chose à ce dix-septième siècle si l'on néglige ce qui constituait alors une authentique secte, dont certains des affidés formaient une Gestapo secrète avant l'heure : la Compagnie du Saint-Sacrement, dans laquelle les membres pourris osaient ce que nos terroristes commettent de nos jours en répandant la terreur à l'échelle planétaire. Saint Vincent de Paul et Bossuet, esprits que je vénère, n'en firent heureusement pas partie, pour la gloire de la compagnie.

Il y en aura toujours, de cette sorte de pourriture. Ce sont les mêmes qui, sous nos cieux, interdisent un film aux mineurs parce qu'on y voit des sexes en gros plan et censurent un roman ou un album de rock parce que s'y logeraient, sournois, malins, quelques fantasmatiques propos sataniques. Que la pornographie publicitaire continue donc de s'étaler partout, aucun problème! Mais surtout, surtout cachez cette paire de seins ou de couilles que je ne saurais voir sans que cela éveille en moi le stupre, la lubricité, l'envie de forniquer! Bien sûr il y a des indécences inexcusables, et qui choquent à juste titre, mais lorsqu'on ne peut plus faire rire comme Desproges, Proust, Coluche, Adams, Canteloup, Devos, Merad, Elmaleh et les autres, alors il faut s'attendre à ce que Molière rapplique et nous botte le cul.

Ce qui pose un problème à tous ces hypocrites, faux vertueux et vrais imposteurs, prédicateurs et autres missionnaires du Grand Siècle, c'est que Molière fait au public le plus dangereux des présents: celui du rire. Et, ce faisant, lui rend sa dignité. Car le rire est l'arme des grands libérateurs. Celle qui déstabilise. Une fois qu'il se crispe, il peut devenir effroyablement tranchant. Poignarder le cœur du pouvoir. Aucune dictature, religieuse ou pas, ne s'y est jamais trompée, qui a toujours tout essayé pour anéantir cet ennemi plus insaisissable qu'un savon dans un bain d'huile. Les rieurs sont des enchanteurs de monde. Ils ont le don de savoir faire tomber les masques, celui de tirer le tapis sous les pieds du maître et le faire chuter.

À hauteur d'homme, le luxe du mensonge est de mentir pour de vraies raisons : on peut vouloir éviter à quelqu'un de souffrir, ou encore s'éviter soi-même d'avoir à trahir. Le luxe de la politique est de mentir pour de mauvaises raisons : tromper le peuple, justifier les fléaux, pousser à la guerre. Molière savait tout cela. D'où sa tendresse pour l'humanité commune et sa défiance, aussi grande, envers tout ce qui se pare des attributs du pouvoir. Il eut à en pâtir, et Louis XIV dut moult fois intervenir pour sauver sa tête. Comme à Rouen, lors de cette manifestation où l'on n'hésita pas à réclamer la mort de l'impie.

Loyal par principe et tempérament, Molière n'a jamais trahi Louis XIV. Pourtant il a fait bien pire : il l'a défié. Le roi soutenait *Tartuffe*, mais Sa Majesté ne pouvait le lui pardonner. Et Molière comprit, mais trop tard, la duplicité consubstantielle à tout pouvoir. S'il ne cessa de faire rire le roi, Louis ne put faire autrement que d'abandonner Poquelin.

Les dictatures ne se sont pas éteintes avec la disparition des monarques d'antan, loin de là. Elles sont partout, parfois même nichées dans nos cœurs. Certaines criantes, d'autres sournoises. Car la tentation de la tyrannie n'est pas le propre des puissants mais celui de l'homme. Tous, en puissance, nous sommes pour l'autre un tyran. Dans nos vies quotidiennes, conjugales, parentales, professionnelles, sociales, tous nous sommes tentés de laisser libre cours à nos élans tyranniques. Parce qu'il n'est rien de plus difficile et de moins naturel au monde que l'acceptation de l'autre. Lequel est toujours celui qui empiète sur notre territoire, celui avec qui nous devons partager l'air. Et quelque chose en nous s'en agace. Quelque chose qu'assurément nous détestons, cette raideur, cette impatience, cette intolérance. Mais quelque chose qui ne meurt jamais et que nous devons sans cesse apprendre à maîtriser. Parce que nous jouons là notre humanité même. Et nous savons bien que nous nous plions trop souvent à nos instincts mauvais, même si nous luttons. Ce combat contre nous-mêmes est un préalable à tout autre. Quand nous serons venus à bout de nos petites tyrannies intérieures, alors seulement notre lutte contre les autres sera juste et sereine.

L'homme n'a jamais été programmé pour mettre le genou à terre. Ni supplier. Ni abandonner.
Il n'a jamais été programmé pour être la bête de somme des tyrans et des tyranneaux.
Il n'a d'ailleurs jamais été programmé pour rien, comme la vie chaque jour nous le murmure.
Je suis certain qu'il y a en chacun de nous une réserve illimitée de vaillance et d'insoumission. Aussi aurais-je honte, devant Molière, de baisser les bras. Puisque non seulement il nous dit que l'homme n'est pas programmé pour obéir, mais encore il affirme tout le contraire : qu'il est fait pour désobéir.
C'est ainsi que l'homme a su désobéir à la nature pour la contenir et la maîtriser de siècle en siècle. Plus inattendu et plus remarquable encore, et là est sa grandeur, l'homme a su se désobéir à lui-même. Devenir son pire adversaire et son propre traître.
Il lui a fallu tout apprendre de lui, de ses zones d'ombre, pour comprendre, pour mieux

se défendre et vaincre et se vaincre pour juger, punir et pardonner. C'est ce sens du pardon qui lui a ouvert le cœur et l'a éclairé jusqu'à illuminer la face du monde. Offrant aux humains cette réserve illimitée de vaillance et d'insoumission, de remise en question, de création et de progrès, de sacrifice. Ce faisant, mieux qu'un présent qu'il apprenait à ménager, il s'offrait un avenir. Cet avenir promis à ceux qui sculpteraient cet adage adopté au fil des siècles, cet alexandrin que l'on pourrait croire de Molière : n'abandonnez jamais, ne renoncez à rien.

7
CREVER DE RIRE

J'ai dit un peu plus haut qu'il ne fallait jamais écouter les résignés. Le monde en est truffé, ça ne date pas d'hier, et d'ailleurs peu importe : ces gens-là ne laissent jamais aucune trace, aucune œuvre. Ils ne comptent pas. Mais j'ajouterais : n'écoutez pas non plus les pessimistes, ces oiseaux de malheur qui rêvent de nous imposer leur mal de vivre et d'en faire une morale collective. Ces éplucheurs d'oignons voudraient nous noyer sous leurs sanglots ? Qu'ils restent à se lamenter dans leur lit mais qu'ils ne nous empêchent pas de vivre ! Le problème de ces geignards ? Ils ne savent pas rire. Cette engeance de peine-à-jouir ne voit dans le rire qu'une manifestation de la grossièreté du *vulgum pecus*. Imbus d'eux-mêmes, ces esprits chagrins se croient supérieurs parce qu'ils soupirent et lèvent les yeux au ciel devant l'état du monde. Le problème est qu'ils voient les choses platement. Dépourvus de toute imagination, ils ne croient que ce qu'ils voient et prennent tout au pied de la lettre. Sangloter sur le monde n'a pourtant jamais aidé quiconque à le changer : ça grogne, ça bougonne, ça ronchonne, ça râle à tout vent, mais ça ne produit aucun effet, à part emmerder les vivants. Bref, les Cassandre sont des poseurs. Tout le contraire du rieur, qui sait lire entre les lignes et vivre au second degré.

Rire est le premier geste de la sédition. Le premier pas vers l'insurrection. Rire, c'est remettre le beau monde à sa place : celle de tout un chacun. Molière en cela aussi est un poète, qui n'envisage pas de hiérarchie entre les êtres mais seulement des écarts. Entre riches et pauvres bien sûr, entre élus et laissés-pour-compte. Mais s'il y a fossé, chacun est sur la même ligne, à la même horizontalité, nul n'est jamais au-dessus de l'autre. En riant, et en riant de la manière la plus tonitruante qui soit, Molière tourne en ridicule tous ces maîtres qui grimacent et puisent dans leur vanité l'illusion de leur supériorité. Mais leur vanité ne peut rien contre sa faconde, et il les claque à sa manière, c'est-à-dire, comble du comble, en réussissant à les faire rire d'eux-mêmes et de leurs propres travers.

S'il faut rire du monde, ce n'est pas, bien sûr, parce qu'il serait spécialement souriant, mais parce que c'est la plus belle manière de le rendre vivant. De l'animer. De lui rendre son âme, puisque telle est l'étymologie de ce mot qui nous vient du latin *anima*, lequel signifie souffle, vent, et par extension esprit, vie, âme. Prenons le parti du rire, donc. Mais pas de ce rire cynique, indifférent aux misères dont l'époque est vorace, non: le parti d'un rire émeutier, tonique, généreux, qui bouscule les consciences et déboulonne les fausses valeurs.

Mais savons-nous encore rire ? Nous rions trop souvent pour faire mal, pour atteindre l'autre, l'éreinter. Comme des loups en meute. Comme des charognards : donnez-nous une carcasse, nous y foutrons le feu. Nous rions des puissants tout en oubliant ou faisant mine d'oublier qu'ils ne le sont que parce que nous l'acceptons. Nous rions du spectacle qu'ils nous donnent mais nous n'aimons rien tant que ce spectacle. Nous en redemandons, même. Nous avons le rire malade, le rire hystérique. C'est l'air du temps, et il sent le rance.

Nous avons oublié la charge positive, explosive, révolutionnaire du rire. Avez-vous remarqué combien, après avoir ri, nous nous sentons libres ? Pleins d'énergie ? De confiance ? D'envies ? C'est ce rire qu'il nous faut réactiver et opposer au monde tel qu'il va : un rire bâtisseur qui n'humilie pas les êtres. Un rire qui dit combien nous sommes solides, résistants, philosophes même. Un antidote à l'esprit de sérieux, cette forme inavouée mais universelle de la connerie. Les maîtres font de l'esprit critique et de l'humour les premiers de leurs ennemis, mais jamais ils ne pourront nous empêcher de rire. Il nous faut bien inventer nos propres façons de survivre dans ce monde si triste, si lâche, et si content de lui-même. À un point qu'on aimerait parfois pouvoir lui glisser un coussin péteur sous le cul !

C'est cela aussi que j'aime par-dessus tout, au théâtre. Voyez ce spectateur qui arrive crevé, essoufflé de sa journée, perclus de mille et un problèmes, le front soucieux, les gestes nerveux, qui s'assied en consultant une dernière fois son téléphone portable pour être sûr de n'avoir rien raté d'essentiel. Et voyez-le maintenant, deux heures plus tard, transfiguré. Son regard s'est éclairci, sa démarche est devenue plus ample, moins crispée, pour la première fois peut-être de la journée il sourit. Que s'est-il passé ? Il a ri. Il a eu des émotions. Il s'est soulagé. Il n'a pas oublié le monde et ses soucis mais il les a mis entre parenthèses, s'est éclipsé de la frénésie, de l'hystérie, de la folie. Le voilà non seulement plus heureux, mais aussi plus intelligent. Non que le spectacle le fût nécessairement, mais parce que le fait de rire, d'accepter de rire, de s'abandonner à cette émotion universelle, permet de retrouver la sérénité, l'espièglerie, la profondeur. Tout ce dont le monde a besoin.

N'oublions jamais qu'en riant et qu'en faisant rire, nous agissons. C'est le double tranchant du rire, dont Molière est le maître.

Ôtant sa superbe au pouvoir, renvoyant les dévots à leur duplicité, faisant triompher l'esprit de liberté contre les empêcheurs de vivre et de jouir, obligeant les nantis à baisser le nez sur le bout doré de leurs chaussures à talon, dégonflant les outres bien-pensantes et autres adeptes du prêt-à-penser comme autant de grosses et grasses baudruches. Permettant au peuple, surtout, d'adresser un beau pied de nez à ceux qui le méprisent. Et non seulement il fait rire le peuple et la Cour, mais encore il fait rire la Cour alors même que le peuple rit d'elle : quel tour de force !

Molière rit parce que là est l'origine de l'homme.

Il rit parce que depuis le jour où l'homme a ri, les puissants se sont mis à trembler. Leur puissance en effet ne tient qu'à la peur que nous en avons. Et nous la croyons d'autant plus illimitée qu'elle sait notre peur et qu'elle en joue. Nous pensons que rien ne pourra jamais retenir son bras. Que, notre vie et notre sort dépendant de son bon vouloir, il vaut mieux rentrer la tête dans les épaules et attendre des jours meilleurs. Or cette puissance n'est qu'une arrogance. Une chimère, un fantasme.

Notre peur, oui, est irrationnelle. Le puissant n'est jamais qu'un homme comme nous, avec ses névroses, ses maux de ventre, ses somnifères et ses poignées d'amour. Le puissant ne l'est jamais que dans cette vie, qui est brève. C'est pourquoi il déteste le rire, notre rire. Parce que le rieur exprime une profonde et définitive indifférence à sa grandeur, à sa magnificence, à son pouvoir. Il faut être un peu philosophe pour rire ainsi, parce qu'il faut être intimement, profondément conscient du caractère éphémère et vain de notre condition. Nous allons crever, nous le savons, alors autant se marrer avant que cela arrive !

Mais chez Molière c'est bien plus que cela. Il s'agit de dire, comme pour rire aussi de l'issue du combat : vous m'aurez un jour mais vous m'aurez debout, vivant. Ni bête ni esclave. Homme.

Comme notre ultime bras d'honneur à la mort.

Désespéré mais beau. Beau parce que désespéré.

Enfant déjà, la curiosité du petit Jean-Baptiste l'emportait sur sa raison. Il ne faisait que céder à cet instinct qui lui commandait de rire de la

151

vie. L'hôtel de Bourgogne ne se trouvant qu'à quelques minutes de chez lui, il ne rechignait jamais à aller s'y crotter, avec comme unique envie de s'éclater la panse de l'autre côté du Pont-Neuf. Là-bas, le ramdam des musiciens, des comédiens, des troubadours, tous complices et brillants assistants des arracheurs de dents, couvrait les hurlements de ces pauvres gens dont l'enfant voyait le sang gicler de la bouche. Bienfaiteurs que ceux-là, ces bateleurs et ces bouffons qui adoucissaient les souffrances par la joie ! On les payait, et avec bonheur, tant on crevait littéralement de rire. Oui, les farceurs méritent leur salaire. Les Tabarin, Gaultier-Garguille, Gros-Guillaume et autres Guillot-Gorju émerveillaient le mioche Poquelin et faisaient recette comme jamais. L'imaginaire du gosse chavire, il comprend que rire est une thérapie. Que ça soulage, illumine, bonifie. Il aimerait tant voir ses maîtres du collège de Clermont grimacer comme les bateleurs du Pont-Neuf et se chier dessus à gorgées de mots crus ! Sa décision est prise : un jour, lui aussi deviendra maréchal du rire. Il ne fera pas couler le sang, mais l'encre. Mieux que la robe ou l'épée : la plume !

Moins homme de foi qu'homme de joie, Molière, dont la modernité est prodigieuse, affirme avec esprit que Dieu n'existe pas et qu'Il le sait très bien. Molière trouve dans l'être religieux nombre des caractères dont il tirera ses principaux personnages, comme si le croyant concentrait à lui seul tout le pathétique humain.

La croyance ? Un aveuglement lâche et mesquin.

La dévotion ? La preuve de notre servilité.

La confession ? Le vide-poches de notre amour-propre.

Entre âme et raison, entre foi et philosophie, Molière refuse toutefois de choisir. Ils font de l'esprit ? Lui en a. Il voit en eux trop de ridicule, trop de pontifiant, trop de certitude. Pour qui aime moquer l'esprit de sérieux, le philosophe plein de sa fatuité est une pièce de choix. Prise de tête *versus* prise de cœur. Quant à l'âme, c'est une petite idiote orgueilleuse qui ne sait pas rire. Seul le cœur, cet humble battant que le rire parfois soulage, se marre bien. Âme tendre ne sait que s'émouvoir. Cœur vivant sait rire.

Notre vérité profonde est animale. Instinctive et nue. Ne craignons pas de laisser notre visage refléter notre folie, notre peur. Laissons leur cynisme aux cuistres. Si Molière ignore l'ironie, c'est qu'il respire la drôlerie. C'est un cœur simple dont le rire est une déclaration d'amour à la vie. Ce n'est pas son intelligence qui irradie son œuvre, dont on pourrait pourtant louer la profondeur, c'est son bon sens. On peut toujours rétorquer à l'intelligence, on ne discute pas le bon sens, qui emporte tout.

Racine et Corneille aiment à se draper dans l'attitude du penseur. Soyons à la fois plus réalistes, plus humbles et plus ambitieux : moliérisons ! Hissons-nous. Mais pas sur les hauteurs de la tragédie, qui rabaisse l'homme trois pieds en dessous de ses héros de légende, beaux ténébreux, princesses divines, reines sublimes et autres demi-dieux qui se pavanent sur leurs piédestaux. Montons bien plus haut, là d'où nous pourrons contempler comme des insectes ces éternels hérauts de l'Histoire qui courent, s'agitent et cherchent en vain à se sauver du piège de la vie.

C'est une connerie monumentale de penser que Molière fut un acteur comique. Pas plus que Chaplin, qui fut seulement sincère et bouleversant. Chaplin et Charlot, Molière et Sganarelle : ce ne sont pas eux qui nous font rire mais les situations, les quiproquos, les gags que la vie elle-même suggère. Jouer Charlot, jouer Sganarelle : pour Chaplin comme pour Molière, il s'agit seulement de vivre leurs propres drames sans jamais forcer le trait. En s'autorisant seulement quelques mimiques qui sont autant de grimaces au destin.

On rit beaucoup des héros de Molière parce qu'ils sont farcis de travers, abrutis par leur naïveté, fous aussi. Mais ils nous ressemblent tellement. On en rit, donc, mais on ne s'en moque pas. Car jamais ils n'inspirent le sarcasme ni la méchanceté. Ils nous émeuvent bien trop pour cela, même si nous dissimulons notre émotion derrière le rire. En riant, mine de rien, nous tissons le lien qui nous conduit jusqu'à eux.

Molière ne choisit pas la facilité. Il pourrait très bien se satisfaire de nous attendrir, de nous tirer des larmes et de s'amuser de notre sensiblerie. Il lui eût été facile, une fois au moins, de nous présenter un héros parfait, idéaliste et romantique à souhait. Mais voilà : le héros romantique n'a rien de drôle, il parle, il ressasse, il geint, il se plaint, il tremble. Le héros comique est d'une tout autre consistance : il est complexe et futé. Il laisse les autres rire de lui. Et nous en redemandons, et pour cause : nous savons qu'en riant de lui, c'est de nous-mêmes que nous rions. L'antihéros est notre frère. Il ne ment pas : il se trompe. Il est à nu.

À l'actif du génie comique de Molière, il faut compter celui de savoir faire rire de la connerie universelle, dont chacun, en son for intérieur, se sait détenteur d'une part. L'incommensurable vide de la connerie, voilà bien un motif de réjouissance ! Avec Molière, le sot, le pédant, le ridicule ne savent plus quoi penser. Il nous précipite dans un vide sans fond et c'est cette chute, vertigineuse, abyssale, qui déclenche notre hilarité. Ce n'est plus seulement une bastonnade, plus seulement une bonne vieille glissade sur une peau de banane mais une descente aux enfers.

Car l'intention de Molière n'a jamais été de faire rire pour faire rire. Rions, oui, mais rions intelligemment. Ce qu'il veut, c'est qu'en riant nous retrouvions notre âme d'enfant. Que nous redevenions disponibles, disposés à tout, sans préconçus ni préjugés. Avec lui il devient possible de rire et de pleurer à la fois, et c'est ainsi qu'il nous fait accéder à la profondeur de sa parole. Marier à ce point le chaud et le froid, le rire et les larmes : cela, personne n'avait su le faire avant lui.

Les obsèques de Louis, son fils, sont célébrées le 11 novembre 1664 en l'église Saint-Germain-l'Auxerrois. Elles prennent pour Molière un tour prémonitoire. Saisi d'effroi, il croit apercevoir pendant la cérémonie, lors d'une des étapes du calvaire, non seulement son fils mais aussi sa propre mère, morte trente-deux ans plus tôt. À partir de ce moment, chaque soir, il pensera les retrouver sur scène. Comprenant bien qu'ils ne venaient pas pour l'applaudir ni l'encourager, mais pour guetter ce moment fatal où lui-même finira par s'écrouler, le cœur éclaté, les yeux exsangues, crachant du sang. On comprend dès lors qu'il se soit donné à fond jusqu'à en crever. Pour reculer cette issue autant que possible et, le moment donné, puisqu'il faut bien que cela arrive un jour, pour que cela se produise sur scène. Crever en Molière, pas en Poquelin.

Puisque la vie reprend tout ce qu'elle donne, la mort n'est peut-être rien d'autre que la vie qui enfin se démasque. Elle ne nous avait rien donné, elle récupère tout. La vie n'est qu'une prêteuse sur âmes. Ces âmes condamnées à errer sans fin, et sans nous. Au banco gagnant de la Faucheuse, elle ramasse tout le tapis. Le gain de toute une vie amassé en une fraction de seconde. Nos parents, nos amis, nos amours, notre jeunesse. La vie se reprend elle-même, pour ainsi dire.

Mais il est une chose qu'elle n'arrivera jamais à nous reprendre : notre rire. Qui se transmet de génération en génération et demeure dans le cœur des femmes et des hommes qui ont ri.

La mort, elle, ne rit pas. Elle ne fait que ricaner.

Grâce à des êtres aussi humbles que Molière et Chaplin, qui à chaque instant de leur vie se sont échinés à gifler la mort, les enfants du monde entier ont appris à en rire. Donc à vivre.

8
CULTIVER SES ENNEMIS

Tordons le cou à l'idée commune selon laquelle, avec un peu de bonne volonté, une certaine dose de bienveillance et beaucoup de charité chrétienne, il serait possible d'aimer et d'être aimé de tous. La bonté est un virus qui honore mais qui attise la haine en retour.

Adhérer à cette chimère d'une fraternité tous azimuts conduirait à se priver de la douceur et du plaisir d'être haï. Car c'est une satisfaction psychologique et morale de tous les instants que de se savoir maudit par Untel ou Untel, dont la seule évocation suffit à nous faire pouffer. Surtout, au-delà de ce plaisir très intime, il faut dire combien, à leur corps défendant, nos ennemis sont en réalité nos meilleurs amis. C'est parce qu'un tartuffe voudra notre chute que nous bataillerons sans relâche afin de ne jamais lui donner ce plaisir et que nous nous surpasserons dans notre art de vivre. Rien de plus stimulant donc, et de plus instinctif, que de chérir ses ennemis. Si, instinctivement, nous cherchons à donner le meilleur de nous-mêmes à ceux qui nous aiment et à œuvrer sans relâche pour nous rendre dignes de leur affection, il est tout aussi vrai d'affirmer que nous avons beaucoup à puiser dans la détestation que d'aucuns nous portent.

Un ennemi voit sa raison débordée par la haine. Elle inonde son cœur. De notre côté, nous qui voulons tant nous montrer conciliants, compréhensifs, tolérants et charitables, nous empruntons souvent la pire des directions : ouvrir la porte à cette fausse amie qu'est l'ingratitude. Et nous en souffrons. À moins d'avoir soi-même si peu d'amour-propre que passer pour une bonne poire ne nous affecte même plus. On a beau refermer la porte, rentrer, maîtriser, cadenasser la haine n'allège pas plus l'existence que cela ne contribue à régler le moindre différend. Mais la haine illumine. Elle caparaçonne contre tout renoncement. Haïssons donc autant qu'on nous hait. Car la haine peut être pleine de promesses, comme celle dont Molière fit preuve contre ses ennemis et qui lui donna le courage de ne jamais leur céder.

Je suis prêt à prendre le parti de la haine vertueuse. De la détestation de l'autre comme motif d'enrichissement émotionnel et motivation à mieux explorer ma propre humanité. La mièvrerie n'est jamais motrice. Non contente de ne jamais faire progresser, elle confine notre esprit dans les formes molles de la bêtise. De la bêtise à la lâcheté, il n'y a qu'un pas. Et puis disons les choses : il y a une certaine beauté, une certaine noblesse à se savoir haï et méprisé. Cela excite un sentiment d'humiliation qui, pour peu qu'on trouve la force de ne pas s'y abandonner, attise en nous la fierté d'être ce que nous sommes. Suffisamment singuliers pour être incompris. Suffisamment distincts du troupeau pour être montrés du doigt.

Sa radicalité invincible, son entêtement quotidien et son génie rayonnant exposaient naturellement Molière aux hostilités les plus fortes. Y compris en famille ou auprès de ses comédiens. Sans parler de sa popularité, toujours suspecte aux yeux de la Cour. Le mépris dans lequel l'Académie française le tient en s'obstinant à le refuser en son sein, l'opposition constante à son entrée au Panthéon alors qu'on imagine très bien Hugo, Pasteur, Moulin et ses autres glorieux pensionnaires s'incliner pour l'accueillir, l'absence de tout boulevard parisien portant son nom alors qu'on lui a seulement dressé une statue encastrée dans un recoin de la rue de Richelieu où les pigeons vont crotter, montrent combien les élites ont toujours méprisé Molière. La raison est simple, limpide même : il n'est pas des leurs. En effet. Il n'appartient pas aux parvenus, mais au peuple.

Pas fous, les ennemis de Molière n'hésitent jamais à se confondre en louanges dès qu'ils sont en public : ils s'exposeraient sinon à la moquerie. Or rien n'excite plus ces traîtres que de suivre les modes. En privé pourtant, ce ne sont que cris d'orfraie et sentencieuses offuscations contre l'aveuglement populaire. La boue du peuple ne saurait incarner la mère nourricière du bon goût et de l'intelligence. Le snobisme pérore et ne connaît pas de scrupules, c'est connu. Il plane au-dessus de tout et de tout le monde. Il n'y aurait guère qu'une révolution pour lui couper les ailes, mais ça ne les empêcherait même pas de repousser.

Le problème pour les bons esprits de cette caste supérieure est que les ennemis de Molière ne sont jamais à sa hauteur. Leur haine est telle qu'elle les ampute de toute intelligence et même de tout bon sens. À preuve, les réactions que suscite *Le Malade imaginaire*, qui certes procure une recette inespérée à Molière, mais plus encore un nombre incalculable de lettres de menaces. Malgré les efforts de La Grange, qui essaye de suivre le rythme et de les brûler afin d'épargner son maître. C'est la médecine qu'on assassine, bonne dame !

Songeons à Donneau de Visé, qui s'obsède du succès de Molière et s'offusque que son nom résonne à travers l'Europe, affirmant ne voir dans ses pièces qu'un fatras d'emprunts divers, de facilités, de flagorneries, d'effets de mode et de rouerie mondaine. Le roi, la Cour, le public rient ? Normal, c'est à quoi se borne l'ambition de Molière ! Mais Donneau de Visé, qui cultive avidement quelque prétention à la dramaturgie, s'est sans vergogne inspiré de Molière pour écrire ses propres pièces. L'écrivaillon a fait de l'œuvre de Molière le moteur de sa vie théâtrale à un point qu'il est impossible de ne pas voir dans ses critiques la manifestation de son seul dépit. Ce qu'il reproche à Molière, au fond, c'est de ne pas être à la hauteur de ce qu'il pourrait être. Manière honteuse de lui reconnaître sa supériorité et d'étaler sa propre médiocrité. Pied de nez du destin : c'est en salissant Molière que ce nom sans talent, Donneau de Visé, ou plutôt tonneau de visées, et étroites avec ça, échappera à l'oubli.

Voyons donc en tout ennemi l'occasion d'exercer notre esprit, notre vivacité, notre aptitude à prendre de la hauteur et à nous émanciper des crachats de la calomnie. Puisque l'ennemi fait flèche et feu de tout bois, puisque la déraison est son maître, cela doit devenir un jeu pour nous que de le désarmer : un peu de malice, beaucoup de détachement, et le voilà bon couillon, arroseur arrosé.

C'est ainsi que Molière a l'idée, moins saugrenue qu'il y paraît, de jouer lui-même un de ses ennemis dans *La Critique de l'École des femmes*. Puisque pour l'éreinter tout est bon aux prudes et aux précieux, aux petits marquis et aux grands courtisans, aux critiques pédants et aux poètes envieux, la raison pour lui consiste encore à faire ce qu'il fait le mieux : se venger sur scène. Dès lors il ne s'agit plus de se jouer de ses ennemis pour réjouir le public, mais de rire d'eux aussi frontalement que possible. Le duel est entamé, et la partie sera sans pitié.

Jusqu'à la mort du roi. Sa Majesté des planches, s'entend. Pour autant, et contrairement à ce que l'on prétend, Molière ne salit pas : il se contente de faire sortir ses ennemis des rails de la convenance et du non-dit. Du coup, ceux-là s'écoutent parler pour ne rien dire et se ridiculisent sans que Molière ait jamais besoin de charger le trait. Il se contente de mettre dans leurs bouches ce qu'il les a entendus dire dans la vie. C'est comme si un Molière d'aujourd'hui écrivait une pièce où des énarques et des boursicoteurs seraient grugés, le rôle du col blanc revenant à Jamel Debbouze et celui du trader fou à Kev Adams. Et que l'auteur, un énergique Éric-Emmanuel Schmitt ou un pétillant Laurent Ruquier, s'amusait à les faire bavasser dans l'imbuvable jargon de ces clinquants m'as-tu-vu. À la manière d'un Marcel Pagnol, chopant sur la Canebière ou dans les officines publiques de quoi gorger les répliques de César et de Topaze. Si encore Molière s'était contenté de les caricaturer ou simplement permis, pour complaire au bon peuple, de les parodier, ils se seraient pliés, fût-ce de plus ou moins bonne grâce, aux lois de la guignolade. De la même manière qu'on tolérait Les Guignols de Canal+ et qu'on espérait même secrètement en être, tant on pouvait y voir un indice de sa propre célébrité, la preuve qu'on était encore un peu dans le coup. Mais Molière va bien plus loin que Les Guignols : il représente ses ennemis tels qu'ils sont, parlent, se mentent et se déshonorent. Il ne caricature pas, il révèle. Le peintre est en réalité trou de serrure. Il jette l'œil là où nous ne pouvons le poser. Poquelin 007 : un agent au service de Sa Majesté. Qui dit et dénonce tout. Les réactions ne se feront d'ailleurs pas attendre : sa tête devra tomber. On ne sait ni quand ni comment, mais elle devra tomber. Sur scène ou pas.

La première de *Tartuffe*, le 12 mai 1664 à Versailles, en fournira l'occasion. Du moins l'espère-t-on. Mis sous pression par l'archevêque de Paris, Louis XIV avait consenti à interdire la pièce. Dès lors Molière n'aura plus d'états d'âme et réagira comme il se doit : foudroyé, il n'aura de cesse de régler sur scène son compte à l'ordre religieux. La haine l'habite et le fera tenir bon. Jusqu'au bout. Tartuffe ou mourir : les deux l'attendent.

Problème très classique : plus nous réussissons, mieux nous vivons, et moins nos ennemis nous le pardonnent. De fait, Molière triomphe et ses ennemis l'attaquent jusqu'à jurer sa perte. La haine ne se cache plus et la guerre ouverte avec Lully, qui ne tire pas un sou du triomphe, de larvée devient ouverte. Molière, tel un funambule, évolue si haut qu'il n'aura plus le choix désormais, sa vie durant, que d'aller jusqu'au bout de ce fil rouge suspendu au-dessus de ceux qui n'ont plus qu'une obsession : le faire chuter dans les enfers où ils règnent, tout en bas. Et pourquoi pas l'assassiner.

Il suffirait que le roi détourne le regard pour que Molière chute à coup sûr, et il le sait. L'important est de parvenir à conserver l'équilibre entre, côté cour, les sirupeuses lullylades et les flatteuses scapinades, côté jardin, les chefs-d'œuvre poétiques. Mais gare : s'il venait à se croire invincible, à se prendre pour Sa Majesté du Théâtre ou pour le Moi-Soleil volontaire, s'il lui venait l'envie d'endosser les habits de monarque de la scène française, si, en somme, Molière se moliérisait, alors la sanction serait nette, et Louis le Grand sans pitié. Qu'il ne s'avise pas, donc, de relâcher sa vigilance : la rancœur de l'ennemi sera d'autant plus cruelle qu'il la croira refroidie.

Molière est un des rares à pouvoir dérider le roi en public, entraînant dans son sillage les moutons de la Cour. Mais que Molière soit à terre, et ces bêlants n'hésiteront pas à le piétiner comme autant de sorcières poussant des cris de joie autour d'un grand feu. Molière fait rire le roi, fort bien, mais qu'il en profite avant que le roi ne rie de lui. Et que Lully ne vienne rompre dix années de complicité. Lully, son Brutus.

Reste que, s'il y a bien de l'énergie à puiser dans le sentiment d'adversité, il serait passablement hypocrite de se dispenser, et sans la moindre complaisance, d'un élémentaire examen de soi. Défaire l'ennemi est une chose, mais qui, décemment, pourrait se dire irréprochable ? Sommes-nous à ce point certains de n'avoir pas abdiqué en nous toutes les forces qui pourraient nous tirer vers le haut ? N'est-ce pas aussi en nous que repose tout ce qui pourrait nous aider à refaire le monde ?

9
DÉFAIRE, REFAIRE

Il m'arrive parfois de rêver que nous pourrions tout refaire, tout reprendre depuis le début. L'homme. Le monde. La Terre. Comme si tout ce que nous vivions, tout ce que nous étions, nous le devions à l'origine de tout. Comme si se trouvait ici la micro-erreur originelle. Bien sûr, ce fantasme de renaissance vaut surtout pour l'intuition, le désir, l'énergie qui l'induisent. Parce que c'est bien beau de désigner à la vindicte ceux que l'on croit responsables de nos échecs, c'est bien beau de franchouillardiser, mais si nous nous posions d'abord la question de ce que, nous, nous pourrions faire ?

Si nous considérons ce que nous sommes, notre trajectoire, notre vie, sommes-nous à ce point certains d'avoir fait ce qu'il fallait ? D'avoir toujours pris les bonnes décisions, conformes à ce que nous sommes profondément ?

On m'expliquera que nous sommes tous des enfants de l'histoire, le produit des générations précédentes, le fruit du hasard et de la nécessité. Laissons cela aux anthropologues, éthologues, ethnologues, primatologues, psychologues, sociologues, métaphysiciens et autres philosophes. Tous, à dessein ou pas, finissent par répandre le poison de l'anti-liberté. Pour nous castrer. Nous généalogiser. Nous persuader que notre liberté n'est qu'une chimère. Rien de plus qu'un joli récit pour nos esprits immatures n'aimant rien tant que se repaître du désir d'illusions.

Mais ce que je veux, moi, ce dont je rêve, c'est que, chacun à notre mesure, nous décidions de nous en sortir. De quoi ? De nos enfers. De nos assoupissements. De nos rituels de pensées bien rodés, bien rassurants, bien consolants.

Et d'en finir avec notre sentiment d'impuissance.

Si nous ne sommes pas exemplaires, si même nous sommes un peu veules, sots ou hypocrites, nous tâchons tous de mettre notre vie en accord avec ce que nous sommes. Mais nous manquons trop souvent pour cela de constance et de courage.

Mais s'agit-il de faire ou de défaire ? Défaire, bien sûr. Défaire pour faire autrement, ce qui exigera de nous beaucoup d'obstination et de lucidité. Mais le sommes-nous, justement, lucides et obstinés ? Acceptons-nous de mourir à nos habitudes pour naître à une autre vie ? De réviser nos jugements définitifs, nos opinions péremptoires et nos idées toutes faites ? Nous demandons-nous pourquoi nous menons la vie que nous menons et pourquoi nous n'avons jamais eu le courage d'en changer ? Sommes-nous prêts à cesser de marcher droit ? À bifurquer radicalement pour nous recentrer et trouver enfin notre place ? On croit que défaire est la chose la plus facile au monde, comme si le mot sous-entendait qu'il suffisait de tout casser. Or il n'est rien de plus exigeant et de plus subversif que de chercher à défaire ce que l'on croit fait de toute éternité, que de s'extraire de ce qui est sous nos yeux et imaginer ce qui pourrait le remplacer. C'est cela, le plus difficile : ne plus écouter personne, agir seul, défaire l'ordre de nos vies et saper les croyances dans lesquelles nous sommes enferrés.

La société, quoi qu'en dise cette hypocrite, se défie de tout être qui manifesterait trop fort son désir de se prendre en main. Et avouons que nous-mêmes ne sommes jamais bien certains de préférer la liberté à la tranquillité, toujours prompts à calculer ce que nous y gagnerions. Mais c'est là le plus mauvais des calculs. Car nous savons bien ce que nous avons à perdre : notre boulet. Le lourd boulet de cette vie dans laquelle nous nous traînons, cette vie grise et résignée qui nous a rendus pessimistes en nous laissant croire que nous étions seulement réalistes.

Changer tout ? Qu'aurions-nous à y gagner ? Tout : la sensation bienfaisante d'exister par soi-même, la faculté de pouvoir penser librement, et une énergie de bâtisseur de cathédrales. Tout est question d'attitude devant la vie. De droiture et de promptitude. Savoir lever la fourchette, saisir le couteau, tenir la cuillère, bouffer la vie et la dévorer tout entière. Fourchette-Molière. Couteau-Camus. Cuillère-Hugo. Servons-nous de ceux qui nous ont légué de quoi manger. Il faut avoir la volonté de regarder le monde autrement qu'il nous apparaît, autrement que ce qu'on en dit ou montre. Ne pas tout gober, nous persuader que nous ne sommes pas otages de notre condition, que nul ne peut ni ne doit nous empêcher de réaliser ce qui nous tient à cœur. Il y a les bornes que cette société en coma met à nos désirs, mais il y a aussi les barrières que nous érigeons en nous-mêmes. Celles qu'il faut commencer par dynamiter. Nous n'avons aucune raison de nous sentir pusillanimes, modestes, effacés, découragés, démotivés, assignés à désespérance. Souvenons-nous qu'au départ, en 1622, rien ne distinguait le jeune Poquelin du commun, rien ne laissait penser qu'il serait un jour ce que la France a donné de plus beau. Et si d'ailleurs sa destinée fut aussi grande, c'est aussi pour cette raison : parce qu'elle était improbable.

Molière c'est nous. Quel qu'il soit, et de quelque religion, Dieu, paraît-il, est en nous. Soit. Mais Il n'est pas nous. Nous le sentons, nous le croyons et sa présence nous réconforte. Molière n'est pas en nous : nous sommes Molière. Pourquoi ? Parce que ce qu'il a fait, nous pouvons le faire. Mieux : nous le devons. Un jour, simplement, si l'on peut dire, il a décidé de choisir ce qu'il vivrait. Il a cessé de prêter l'oreille aux bons conseils toujours plus ou moins intéressés. Il a cessé de suivre les chemins balisés, d'écouter les injonctions morales de son siècle. Il a décidé d'être pleinement lui, quoi que cela dût lui coûter, les inimitiés, le mépris, les trahisons. L'autre, l'ennemi, déteste toujours ce qui lui paraît trop singulier. Ceux qui acceptent de se fondre dans le moule se plaisent à y voir une marque d'arrogance, de vanité, mais c'est parce qu'ils ont décidé de rester ce qu'ils étaient, qu'ils ont préféré ne pas se démarquer. Neutres, donc lâches.

On ne vit qu'une fois. C'est juste de l'affirmer. Mais ne vaut-il pas surtout en tirer le seul enseignement qui vaille : que c'est à nous et à nous seuls de construire notre vie. Sachant qu'il ne nous sera donné qu'une seule chance. Ne pas choisir reviendrait à mourir.

Soyons chien, aigle ou truite, abeille ou lion. Tout ce qu'il nous plaira, mais n'abdiquons pas nos rêves.

Commençons ainsi : en nous affublant d'un pseudo, ou d'un surnom. Ce n'est pas grand-chose, c'est symbolique, mais le symbole est promesse d'un destin différent. Il donne des ailes. Signer d'un autre patronyme pour s'écrire une autre vie. Changer d'identité pour transformer le réel.

En nous dédoublant, nous redoublerons de créativité. Nous donnerons à cet autre la possibilité d'advenir et, surtout, de nous surpasser. En ouvrant largement nos grilles, nous ferons s'envoler ce qui en nous est à jamais oiseau. Ce qui, depuis notre naissance, a toujours rêvé de liberté, de hauteur et de grands espaces. Cet autre en nous que nous étouffons et que nous condamnons au silence perpétuel doit pouvoir fuir, et devenir ce qu'il doit devenir : un être de joie, libéré de ses chaînes, émancipé de ses peurs comme de ses pudeurs, désireux de vivre mieux et plus fort. Le boutonneux Poquelin, adolescent précoce, pressentit très tôt qu'il ne s'en sortirait qu'en restant sourd aux autres, qu'en se prenant en main et en dominant sa propre existence. Il a compris qu'il lui faudrait se réinventer, façonner un autre lui-même qui non seulement serait un confident et un allié, mais aussi une force secrète, donc puissante. Il aura mis dix ans à l'accoucher, mais elle est là dès l'origine, en lui, trépignant dans ses tripes et sa solitude. Et il en vient à s'inventer ce monstre intime : Frankenstein-Molière.

Dès lors il va feindre et jouer la comédie. Le jour avec les siens, sa famille, ses maîtres, ses proches, la nuit avec lui-même. Il se la joue tellement bien qu'au beau milieu de ses nuits fiévreuses il se fait serment sur serment : tout taire mais ne jamais se mentir. Il sait que les autres l'empêcheront toujours d'advenir à lui-même. De donner naissance à ce qui piaffe en lui. À cette part folle et irrépressible qui le pousse vers le risque de vivre.

Il fallait l'Illustre Théâtre pour qu'enfin il endosse le rôle du chef. Posture emblématique, certes, mais contraignante, éreintante, ingrate. Pourquoi s'en charge-t-il? Parce qu'il sait que personne d'autre que lui ne le fera. Du moins pas avec son ambition : tout reprendre à zéro et inventer le théâtre du vrai, du regard, de l'émotion et du silence. Comme ces enfants de Molière que sont Jouvet, Vilar, Dux, Barrault, Chéreau, Vitez, Danet, Ruf et tant d'autres, Molière a osé ce qu'à présent nous-mêmes devons oser : renaître à nous-mêmes, tout défaire pour tout refaire en plus grand. Il ne s'agit plus, pour Molière, de jouer comme ces gueulards de parade, de poser ni de grimacer : il s'agit d'être. Il ne s'agit plus de jouer le phraseur qui cabotine et théâtralise, mais de montrer à quel sang ses phrases se chauffent. Son théâtre sera une mise à nu.

Être loué pour ses talents de comédien, son inventivité, ses trouvailles, sa drôlerie, de tout cela Molière ne se contente pas. Ce qu'il veut, c'est être rare.

Avide d'une étrange revanche contre lui-même, il rage de ne pas réussir à s'imposer comme le plus grand comédien de tous les temps, et il ne soupçonnait pas la force de ce ressentiment qui l'étreint chaque jour davantage. Il a du succès, bien sûr, mais c'est un succès amer. Celui du bouffon. Le succès d'un Boon ou d'un Elmaleh. D'un Fernandel, d'un Raynaud, d'un Devos, d'un de Funès ou d'un Alex Lutz se rêvant en Laurence Olivier, François-Joseph Talma ou Gérard Philipe, Jean Gabin ou Marlon Brando. Il rêve, comme Coluche en rêvera avec *Tchao pantin*, d'une autre reconnaissance que celle qu'on se plaît à accorder aux amuseurs publics. Incurable connerie française, soit dit en passant, selon laquelle on sombre dans la facilité dès lors qu'on fait rire tandis qu'on atteindrait à la dignité suprême en faisant pleurer.

Molière n'en peut plus des louanges à la Floridor ou la Montdory, ces outres vides qui gueulent sur scène et déshonorent leur art. On aime en lui le pitre, le fanfaron, le Sganarelle scaramouchisé qui fait hurler de rire, beaucoup moins l'Arnolphe engoncé qui ne fait que rire de lui et surtout ne sait pas faire rire comme il faut, ne sait pas rire gras.

Molière va délibérément se dédoubler : chef de troupe et maître comédien. Comme chef de troupe, comme Poquelin, il se tuera à la tâche pour faire vivre son théâtre et ses ouvriers. Il donne tout, ne garde rien. Rafistole tous les problèmes, fait rentrer l'argent, se montre conciliant, négociateur, prévoyant. Comédien, en Molière, il fera tout le contraire. Ne transigera sur rien et s'échauffera de tout. Souffrira le pire jusqu'à le payer de sa vie. Mais aux deux, à Poquelin comme à Molière, et pour toujours, l'éternité ouvre les bras. À eux, la gloire d'avoir bâti une œuvre de génie dont on ne peut délier le nœud entre l'auteur et le comédien. Gloire à Poquelin d'avoir été cette main qui aura signé le Misanthrope de Versailles. Gloire à Molière d'avoir su l'incarner et la porter si haut. Quel dramaturge a osé signer le Misanthrope de Vichy ? Quel autre, aujourd'hui, signerait le Misanthrope de l'Élysée ?

Avec *Le Misanthrope*, c'est tout le génie de Molière qui défie et sidère le monde. On le croyait mort ? Il ressuscite. Ménageant sa surprise à la manière d'un Bonaparte, frappant à la française : là où nul ne l'attend et au moment le plus défavorable. Il ne va pas offrir au public une comédie mille fois rabâchée, un cocu par-ci, un cocu par-là, un médecin camouflé ou une ingénue perverse, un barbon grimaçant ou une soubrette coquette, mais une œuvre sur ce que le peuple ignore et rêve de découvrir. Une œuvre d'une liberté inouïe sur un symbole interdit dont Molière lui ouvre grand les portes : la Cour.

Ce que Shakespeare n'a pas su faire, Molière ose le réussir en confessant ses tourments. Il y a du Christ en lui. Il y a du charpentier, de l'homme de Nazareth, de l'avocat tapissier du Marais s'adressant à l'homme et lui découvrant son âme.

Renaître, donc.

Renaître au monde, cesser de le regarder avec l'œil de l'astronome n'y voyant qu'une poussière infime égarée dans le cosmos, mais le considérer dans sa démesure et son gigantisme et aimer ce qu'il conserve d'inaccessible et de lointain pour mieux nous défaire de nos pensées.

Renaître à l'autre, l'autre qu'on aime mais qu'on néglige, l'autre dont on s'agace si facilement, dont on s'impatiente, qu'il ne soit pas exactement comme on voudrait qu'il soit.

Renaître aussi à l'autre qu'on n'aime pas ou qu'on a décidé de ne pas aimer, celui qu'on juge et qu'on montre du doigt, cet autre qu'il est tellement commode de charger de tous les maux quand on n'a pas soi-même fait l'effort d'accéder à son être propre.

Renaître à soi-même, enfin, en se purgeant des bruits parasites du monde, ces bruits de crécelle qui interdisent la pensée, le rêve et la vie. Renaître à soi-même, examiner son existence, questionner ses désirs les plus viscéraux et se demander ce qu'on en a fait.

Renaître à soi, c'est à quoi va s'acharner Molière en écrivant et en jouant cet autre chef-d'œuvre inégalé, *Tartuffe*. Autre leçon que Poquelin donne au comédien Molière, lequel ramasse tous les bravos. Poquelin torche la comédie en alexandrins, à Molière de s'en débrouiller. Tour de force que bien sûr il accomplira, et avec quelle sublimité : ce sera le plus grand triomphe de sa vie. En mettant K-O l'auteur, le comédien va lui prouver que, même dans ce qui n'est pas son domaine de prédilection, ce vers stylé et bien ourlé, ce vers comme on le goûte et pour ainsi dire tel qu'on l'enseigne, Molière surpasse Poquelin. Il n'hésite d'ailleurs pas, autre de ses audaces, à jouer sur scène les situations de la vie où Poquelin se débat. Non content de terrasser les rêves de dramaturge de Poquelin, mort-nés dans l'œuf, il va, sur scène, jusqu'à détruire sa réputation. Masochiste malgré lui.

Plus Molière grandit, plus Poquelin s'effondre. Charlot aussi connaîtra cela : quand il n'en finissait plus de briller, Chaplin crevait de jalousie. Poquelin, Chaplin : deux vies à scandales, deux existences jalonnées d'accusations, de procès et de trahisons. À ceux qui se demandent encore comment l'un et l'autre ont pu atteindre le firmament d'une gloire qui pourrait paraître disproportionnée au regard de celles, mondialement justifiées, de Vinci, Einstein, Mozart ou Michel-Ange, il faut répondre simplement : c'est parce qu'ils se sont sortis du trou. Du bas et des bas-fonds. Ils n'étaient rien, et ils ont eu l'admirable force d'âme de détruire en eux tout ce qu'on leur demandait d'être, tout ce qu'on leur faisait croire qu'ils étaient ou devaient être. Ils ont réussi à renaître. Ils ont tout refait.

La réussite, c'est de pousser la porte de son destin : combien l'ont fait ? L'accomplissement, c'est de réussir à en ouvrir une autre : combien y sont parvenus ? Cette porte dont on nous dit depuis toujours qu'elle nous est interdite. À nous, spécialement à nous.

L'accomplissement, alors, est de prendre la vie du seul bon côté, là où personne ne nous attend. De foutre en l'air les préjugés, les œillères et les partis pris, d'imposer notre marque, notre patte, notre griffe, cet être irremplaçable et unique que nous sommes.

Il nous faut l'imposer parce que jamais nous ne pourrons compter sur les caprices de la fortune ou les heureux hasards de la vie. Le hasard est à tout le monde, c'est-à-dire à personne. Le hasard, c'est quand le destin est allé pisser et qu'il te laisse te démerder tout seul. Tout le monde peut tomber dessus. Tu passais par là, coup de bol !

L'accomplissement sera le privilège de ceux qui prendront leurs désirs pour la réalité. Là est le commencement de tout : renverser les certitudes et les idées toutes faites, les dictons éculés qui nous tiennent lieu de morale, les préceptes qui font office de pensée. Ces vérités assénées comme autant de pages d'Évangile.

L'accomplissement sera le privilège de ceux qui cesseront d'avoir peur de tout donc de rien, qui décideront que la vie est trop courte pour en négliger les quelques rares promesses, qui se révolteront contre leurs propres usures et se persuaderont que le destin n'existe pas, qu'il est l'idéologie molle des résignés, des défaitistes et des cyniques.

L'accomplissement sera ton œuvre. Qui porte un nom : la liberté.

Renaître à nous-mêmes, donc. En nous posant les bonnes questions. Celles qui font mal, celles dont les réponses roupillent et croupissent en nous. Ai-je raison d'être ce que je suis ? De penser ce que je pense ? De faire ce que je fais ? Et si je m'étais toujours trompé ? Si j'avais tout faux ? Si je m'étais égaré en chemin tout en me convainquant que j'étais sur la bonne voie ? Est-il trop tard pour changer ma vie ? Pour la reprendre en main ? Et aller là où tout en moi me crie d'aller ?

Apprenons à nous lever avec au ventre et au cœur la rage et le désir de bouffer le monde.

Apprenons à ne pas le traverser indolemment ou à simplement le contempler. Donnons le meilleur de nous-mêmes. Tous ces désirs que nous cadenassons, tous ces rêves que nous bâillonnons. Décidons de changer de regard : alors nous verrons ce que nous ne savions plus voir. Cette femme qui est dans mon lit. Ce malheureux que je croise chaque matin. Ce travail sur lequel je n'ai plus prise. Ce paysage tellement quotidien que j'y suis devenu indifférent.

Notre regard fait le monde : il en exhausse la beauté.

Mais choisissons d'être mesquins, jaloux, hargneux, et alors le monde sera tel que déjà il est : brutal, sanglant, vulgaire, désespérant. Donnons-lui plutôt cette part qui vibre en nous depuis notre naissance et que nous négligeons parce que nous sacrifions trop souvent notre dignité en échange d'un peu de confort, aussi éphémère que notre tranquillité est illusoire. Et le monde alors nous apparaîtra tel qu'il peut être aussi : plein de ressources, de possibilités, de mystères.

Il ne tient qu'à nous.

10
SE LIBÉRER DE SOI

Il faudrait toujours vivre en ayant à l'esprit que quelque chose se dérobe constamment à nous, nous échappe et nous fuit. Une lumière qui viendrait de surcroît. Un post-scriptum à nos existences. Un je-ne-sais-quoi qui outrepasserait nos faits et gestes et fixerait à jamais ce que nous aurions fait de nous et de notre vie.

Vivre, alors? Accepter ce qui déborde notre être et excède ce que nous faisons. Accepter que la vie nous bouscule et nous oblige à dérailler. Accepter de se sentir le jouet d'une instance qui nous traverse, une instance qui ne serait ni Dieu, ni Diable, ni Hasard ni Destin, mais le mouvement même de la vie, sa puissance souterraine et secrète. N'est-il rien de plus merveilleux que ce qui vient déjouer nos calculs, nos plans, nos raisonnements ? Nous devons savoir accueillir l'imprévu et nous tenir toujours parés pour l'aventure, sans jamais renoncer à rien.

La part belle de nos existences n'est pas, en définitive, dans ce qui se construit mais dans ce qui nous arrive. Et qui nous tombe dessus, souvent même au moment le plus inopportun. Pourquoi ? Parce que nous n'avons pas tout pouvoir, et c'est heureux. Parce que c'est l'élan même de la vie, sa liberté, son droit souverain. Parce qu'il est merveilleux de se dire qu'il peut m'arriver quelque chose à toute heure, quelque chose qui m'aidera à sortir de moi, à voir plus loin que moi, plus loin que le bout de ma vie. Parce que nos aspirations ne viennent pas de nous mais de ce que la vie provoque.

Sommes-nous d'ailleurs absolument certains que nos aspirations coïncident exactement avec ce que nous sommes profondément ? Non, nous ne le sommes pas. Nous avons appris à espérer, nous avons appris à nous fabriquer des désirs, mais nous devons toujours nous sentir disposés à désapprendre les leçons. À tout ce que nous suggère la vie, l'imprévisible, le grain de sable.

Mesurons-nous ce qui se perpétuera de nous ? Quelle présence laisserons-nous ? À quoi aurons-nous servi ? La question est aussi simple à formuler qu'elle semble impossible à résoudre. Il ne faut jamais se lasser d'apprendre, de combattre, de jouir et de rire, mais pour vivre il faut accepter l'idée de suivre ce chemin dont nous ne pourrons jamais ni connaître le sens, ni prévoir le terme. Nous n'avons pas envie d'y penser, même si nous sommes réquisitionnés par les abîmes de l'existence. Nous aurons beau être les acteurs les plus résolus de notre vie, jamais nous ne serons maîtres de ce que nous créons. Nous provoquons les événements, nous courons des risques, nous nous lançons dans de folles entreprises, nous jetons toutes nos forces dans la bataille, mais le sens de tout ce que nous édifions nous échappe.

Si le monde est infini, la beauté reste toujours inachevée.

Toute notre dignité repose dans l'énergie que nous aurons mise à suivre notre chemin de vie et à en quêter le sens. L'important n'étant pas de le trouver mais d'avoir fait l'effort de le chercher. D'avoir vécu chaque instant en ayant tâché de le comprendre. Cette quête, c'est le chemin même. Cela seul nous grandit. La réponse viendra ou ne viendra pas, qu'importe : elle compte infiniment moins que l'incessant questionnement de l'homme. Ce mystère, qui n'a rien de religieux, constitue notre grâce, laquelle est le fruit de toute une vie, de tout ce que nous avons vécu, fait, pensé, agi et raté. Ce qui reste quand il n'y a plus rien.

Nous devons nous libérer de nous-mêmes. Non pour nier ce qui subsiste d'unique en nous mais pour nous permettre d'y trouver une clarté. De nous accepter tels que nous sommes, faibles et obstinés, imparfaits et perfectibles.

Nous devons pour cela nous rendre aussi imperméables que possible à ce qui tyrannise nos buts, ces injonctions d'une société ultra-compétitive, oublieuse de nos fragilités, méprisante de nos errances. Osons riposter aux oukases d'un monde dont le triomphe reste vain. Être soi, et l'être aussi crânement que possible, dans ce monde dont nous ne serons jamais les standards. Lorsque enfin nous serons devenus sourds à ses lois, alors tout ce qu'il y a d'indomptable en nous, notre beauté, s'épanouira.

Il s'agit de renaître. Mais pour quoi faire, puisque nous allons mourir ?

Pour peu que nous ayons été des acteurs acharnés de notre vie, la mort, signature de nos existences au bas desquelles elle viendra parapher sa vérité sans faux-semblants, pourra se révéler pleine de promesses.

Il incombe de laisser une trace. Morts, c'est notre seule chance d'exister. Mais ce que nous laisserons n'est pas tant ce que nous aurons fait que tout ce qui nous aura échappé.

Nous espérons, nous pensons, nous cherchons à nous croire maîtres de nous-mêmes, mais jamais nous ne le serons totalement. Nous nous efforçons d'être aussi rationnels que possible, mais cet effort pour le devenir, lui ne l'est pas. Nous regardons le monde et le jugeons, mais cela en dit toujours bien plus sur nous que sur lui. Nous passons notre vie à sculpter une improbable statue, à nous dépêtrer de nos cas de conscience, et voilà qu'une fois morts nous perdons la main sur ce que nous laisserons. La statue s'effondre.

Molière aussi a vu sa mort lui échapper, cette nuit tragique du 17 février 1673, lors de la quatrième représentation du *Malade imaginaire*. Dire qu'elle lui a échappé est d'ailleurs un doux euphémisme : la vérité est qu'on l'en a dépossédé. La vulgate veut qu'il soit mort sur scène et de maladie. Or rien ne prouve, bien au contraire, qu'il souffrait de quoi que ce soit. D'ailleurs jamais il n'aurait joué en se sachant susceptible d'interrompre la représentation. Il aurait désaffiché ou se serait fait remplacer pour sauver la recette.

La première scène de son ultime chef-d'œuvre débute. Molière, qui s'est mis dans la peau d'Argan, fait l'inventaire des fioles, potions et autres drogues prescrites par ce charlatan de docteur Purgon. Purgon purge, Argan agonise.

Pris de crampes soudaines, Molière grimace mais tient bon, jusqu'au bout, transcendé par la scène. Le parterre est bouleversé, c'est Molière qu'on assassine. Ses meurtriers ont arseniqué les fioles folles et il crache du sang. Transporté chez lui, rue de Richelieu, il y crève comme un chien. Aucun curé n'accepte de l'accompagner sur ce dernier chemin de la vie, pas même la plus modeste religieuse pour lui donner les derniers sacrements et recevoir les mots ultimes d'une âme maudite, vouée à l'excommunication promise à tout comédien.

Armande supplie Sa Majesté d'autoriser la fosse chrétienne à l'auteur, non au comédien, et ce faisant d'épargner au défunt la fosse commune. Le roi, courageux, y consent. Bien obligé de céder à Sa Majesté, l'archevêque de Paris ordonne alors que les obsèques aient lieu de nuit et interdit toute prise de parole. Le cortège silencieux se dirige au flambeau vers l'église Saint-Eustache, là même où Molière fut baptisé. La troupe et la famille sont suivies par un chien errant qui probablement espère trouver quelques victuailles parmi la foule. À l'église, lugubre et vide, le curé, un certain Lenfant, leur fait savoir qu'ils sont attendus près de l'annexe. Là, sans un mot, ce qui n'est pas le moindre paradoxe pour celui qui sut si bien les magnifier, on dépose le cercueil dans une tombe creusée à la hâte six pieds sous terre, la terre sainte ne l'étant que jusqu'à cinq. Tout le monde repart dans la nuit glaciale. Tout le monde ou presque, car le curé ordonne aussitôt qu'on viole la sépulture, qu'on arrache les clous du cercueil, qu'on s'empare de la dépouille et qu'on la jette dans la fosse commune, à quelques dizaines de mètres. Le cadavre de Molière n'avait aucune chance d'y pourrir en paix : notre chien, ainsi que quelques gueux affamés, se précipitent pour le dévorer. N'acceptons plus d'avaler les couleuvres de cette authentique fable, forgée de toutes pièces par ces assassins, avec la complicité du pouvoir et de ses héritiers, selon laquelle Molière serait mort de sa belle mort. Et sur scène en plus !

Il faudra attendre sept ans, jusqu'en 1680, pour que, criblées de dettes, les deux troupes officielles, Marais et Bourgogne, se décident enfin à se joindre à la Troupe de Molière et récupérer son répertoire. Le roi unit les anciens ennemis : ainsi naît la Comédie-Française, la prétendue maison de Molière. Depuis, les pouvoirs successifs, royaux, bonapartistes, républicains, n'ont eu de cesse de falsifier le souvenir du génie et ont tenté, non sans succès si l'on en juge par tous les mensonges qui se répandent sur lui, de faire passer Molière pour un pitre, un intime du roi, un familier du pouvoir et un bon chrétien emperruqué jusque sur son lit de mort, veillé par deux religieuses affligées.

Mensonge d'État qui ira jusqu'à la commande au sieur Grimarest d'une biographie qui ne grime à rien, fabriquée de toutes pièces. Car ce n'était pas assez de jeter aux chiens le corps de Molière, il fallait encore lui dérober son âme. Par ordre royal, il fut donc décidé que toute trace de l'impie soit à jamais détruite. Lettres, manuscrits, quittances, reçus, correspondances, absolument tout fut brûlé. Fait unique dans l'histoire de France. Si bien que nous n'avons plus une seule ligne, plus un seul mot écrit de la main de Molière. Et si n'avait été oublié, dans un petit tiroir de notariat et comme par miracle, le contrat de l'Illustre Théâtre où figure sa signature, il ne serait rien resté du génie de Molière, pas la moindre trace manuscrite. Sublime revanche, n'est-ce pas, pour celui qui, à l'instar de Zorro, nous laisse sa seule signature pour ultime témoignage.

Dieu merci, l'œuvre survit. Elle continue d'agir et de libérer les esprits. On l'étudie, on la joue, elle inspire des dramaturges et des écrivains de par le monde entier : elle est la plus illustre ambassadrice de France, restée source de joie pour la jeunesse du monde. Quant à la mort de Molière, malgré son indécente barbarie, elle ne fut pas vaine pour autant. C'est une mort agissante. En jetant quelques mottes de terre hypocrites sur son cercueil pour mieux déshonorer ensuite sa dépouille et sa mémoire, les imbéciles ont permis que parvienne jusqu'à nous cette image définitive d'un Molière haï par les politiques et les bigots, les puissants et les saintes-nitouches, tous les tartuffes de son temps. En agissant comme des porcs, en niant l'humanité de Molière, en traitant sa dépouille comme s'il s'agissait d'un animal de basse-cour, ceux-là ont permis de le sanctuariser. Bien malgré eux, ils l'ont rendu aux siens, c'est-à-dire à nous, c'est-à-dire au peuple.

Leur infamie constitue l'ultime preuve que si son œuvre est admirable, c'est aussi parce que sa vie le fut, que l'une n'allait pas sans l'autre, que toutes deux constituaient les deux faces d'une même et glorieuse médaille. À son insu, elle nous indique le chemin à emprunter, à nous autres qui sommes acculés à nous battre contre nous-mêmes et à nous débattre dans un monde devenu fou.

Nous ne renoncerons pas à la vie.

Les papiers utilisés dans cet ouvrage
sont issus de forêts responsablement gérées.

N° d'impression : 2032670
N° d'édition : 01624/03
Impression : CPI Bussière